職場で取り組む予防・対策

ハラス
メント

の正しい知識と対応

弁護士
梅澤康二 著

ビジネス教育出版社

┣ はじめに

　職場でのいじめやいやがらせは昨今始まった問題ではなく、はるか昔から存在してきましたが、長らく社会問題としては認識されてきませんでした。しかし、1990年ごろより女性に対する性的ないじめ・いやがらせ行為についてセクシャルハラスメントという表現が用いられるなど、社会問題の1つとして世間に広く認識されるようになりました。これを皮切りに上長や先輩からのいじめ・いやがらせ行為についてパワーハラスメントという表現が用いられるようになったり、また、昨今では妊産婦に対するいじめ・いやがらせ行為についてマタニティハラスメントという表現が用いられるようになるなど、現代社会では職場でのハラスメント問題は現実的な問題として認知していると言って良いでしょう。また、昨今ではこのような伝統的なハラスメント行為に加えて、マスメディアが様々ないじめ・いやがらせ類型を「○○ハラスメント」と独創的な呼称を付して紹介するなどの場面は多く見られるようになっており、「ハラスメント」という問題が職場だけでなく、社会全体にあり得る問題であると認識されていると言っても過言ではないでしょう。

　本書はこのような社会問題である「ハラスメント」の問題について、もっぱら職場でのハラスメント行為にフォーカスして解説したいと考えています。というのも、前記のように職場でのいじめ・いやがらせ行為は「ハラスメント」として違法行為となり得ることそれ自体は、おおむね社会内で広く認識・定着されています。しかしながら実際どのような行為が職場での「ハラスメント」として法的に問題となるのかについて、明確に認識・理解できている人は実際のところ少ないように思えてなりません。この部分の認識・理解が進むことは、職場において不可避的に生じる「ハラスメント」の問題について適正・適切な解決を図るのに有益といえるでしょう。

具体的には、本書のⅠ・Ⅱの第1で「ハラスメント」についての基本的知識を解説しつつ、第2でハラスメントの類型ごとにケーススタディを踏まえて、できるだけわかりやすく解説しています。本書の解説のなかで記される思考過程をご理解いただければ、職場での人間関係のなかで、どこまでがセーフでどこからがアウトかを自身である程度判断できるように思われますし、そうすればこのような「ハラスメント」を巡って無用のトラブルに巻き込まれることも予防できると信じています。

目次 CONTENTS

I 職場でのハラスメントについての基礎知識

第**1** ▶ セクシャルハラスメント

第**2** ▶ パワーハラスメント

第**3** ▶ マタニティハラスメント

第**4** ▶ 新しいハラスメント

Ⅰ 職場でのハラスメントについての基礎知識

第1 セクシャルハラスメント

1 セクシャルハラスメントとは

　職場でのセクシャルハラスメントについては、雇用の分野における男女の均等な機会及び待遇の確保等に関する法律（以下「均等法」といいます）で「職場において行われる性的な言動に対するその雇用する労働者の対応により当該労働者がその労働条件につき不利益を受け、又は当該性的な言動により当該労働者の就業環境が害されること」と定義されています（均等法11条1項）。

　これを噛み砕いて説明すると、①職場での性的言動・要求に対し相手が拒否・抵抗したことを理由に労働条件や待遇について不利益を与えること（対価型セクシャルハラスメント）や②職場での性的な言動・要求により相手の就労能力・環境に看過できない支障が生じること（環境型セクシャルハラスメント）が、法令の定義するセクシャルハラスメントということになります（世間的には②の環境型セクシャルハラスメントが「セクハラ」として定着しているように思います）。

2 セクシャルハラスメントの違法性

　セクシャルハラスメントが違法行為であることは一般的に広く知られているところですが、セクシャルハラスメントが違法であることを明確に謳った法律はありません（均等法でもセクシャルハラスメントが違法行為であることまでは明確に定められてはいません）。では、セクシャルハラスメントが違法であるとはどういうことでしょうか。これは色々な意味で用いられることが多いと思われますが、一般的には「セクシャルハラスメントが違法である」という表現は、これが民法の「不法行為」

として損害賠償の対象となるという趣旨で用いられることが多いのではないかと思われます。

　すなわち、民法において、故意または過失に基づいて、法的に保護される他人の権利・利益を社会的に相当な範囲を逸脱して害する行為は「不法行為」として損害賠償の対象となることが定められています（民法709条）。職場におけるセクシャルハラスメントは、被害者が職場で平穏に就労する権利・利益を侵害する行為であり、また、業務遂行上明らかに不必要・不適切なものとして社会的相当性を逸脱する行為であることは、疑問の余地がないでしょう。そのため職場でのセクシャルハラスメントは、基本的に民法の定める不法行為の要件を充足する行為ということになり、同法に基づいて損害賠償の対象となると考えられています。なおここでいう損害は、基本的にはセクシャルハラスメント行為により被害者が受けた精神的苦痛を意味する場合が多いでしょう。この精神的苦痛は目に見えない損害であるため、実際の裁判手続ではセクシャルハラスメントと評価される行為が認定された場合、認定された行為を踏まえて裁判所がおおむねこれくらいの金額に相当する精神的苦痛があったと認定するのが通常です。そのため、実際の損害額がいくらになるかは基本的にケース・バイ・ケースです。

③ セクシャルハラスメントの判断基準

　前記のとおり、職場での性的な言動・対応は、それ自体が不必要・不適切であることは論をまたないところです。しかし、そのような言動・対応のすべてが、当然のように違法なセクシャルハラスメント行為として法的責任を問われるというわけではありません。職場における不必要・不適切な行為であるかどうかと、職場での違法なセクシャルハラスメント行為であるかどうかは必ずしも一致しないのです。仮に後者に該当する行為であれば、行為者には法的責任が認められることになりますが、前者に留まるのであれば道義的・倫理的な責任はあり得るとしても、

法的責任がただちに認められるということにはなりません。

　では、職場での性的な言動・対応が違法なセクシャルハラスメントに該当するのはどのような場合なのか、その判断基準が気になるところです。この判断基準をある程度理解していれば、自身の言動が職場でセクシャルハラスメントとして責任を問われることをある程度回避できる可能性があります。しかし残念なことに、違法なセクシャルハラスメントに該当するかどうかの明確な判断基準を示した法律はありません。また、裁判例でもこのような行為がセーフ・アウトという明確な判断基準が統一的に示されているわけではありません。そのため、実際のセクシャルハラスメントの検討場面では、職場での性的な言動・対応（ことさら性別を意識させるような言動・対応を含みます）が、前記の対価型セクシャルハラスメントに該当するか、環境型セクシャルハラスメントに該当するかを個別に検討・検証するしかないのです。ゆえに、セクシャルハラスメントに巻き込まれるリスクを払拭したいのであれば、職場での性的な言動・対応（相手に性別や性差を意識させる言動・対応）は業務に不要なものと整理して、男性相手でも女性相手でも性的な話題や言動は極力控えることが無難といえます（もちろん、どこまで気をつければ良いかという問題は残りますが、基本的にことさら性的意味合いのある言動や行動は慎むべきでしょう）。

　なお、あえて違法なセクシャルハラスメントに関する判断のポイントを挙げれるとすると、対価型セクシャルハラスメントは相対的に「わかりやすい」事例が多いように思われます。すなわち、性的な言動・要求があった事実とこの直近で不利益な取扱いがされた事実が同時に認定されれば、おおむね違法なセクシャルハラスメントであるとの判断はしやすい場合が多いのではないでしょうか。

　他方、環境型セクシャルハラスメントについては、行為者と被害者で性的な言動・対応に対する捉え方が異なるような場合も多く、相対的に「わかりにくい」事例が多いと言えそうです（実際に職場でのセクシャ

ルハラスメントの有無として問題となる事例は、環境型セクシャルハラスメントの有無が問題となるケースが多いと思われます）。このような「わかりにくい」とされる環境型セクシャルハラスメントに関する判断のポイントについては、マスメディア等で「相手が不快に思えばセクシャルハラスメントとなる」という説明をしていることがよくあります。これは半分正解で半分間違いです。より正確には、相手の捉え方がどのようなものかという主観的事情を踏まえつつ、性的な言動・対応が相手の就労環境を阻害するに足りるものかどうかを客観的かつ常識的に判断するという説明がより正確であるといえます。そのため、たとえ相手が不快な思いをしたことがあったとしても、性的な言動・対応それ自体が些細な事柄であって、客観的見地から相手の就労環境を阻害するとまで言い難いような軽微なものであれば、違法なセクシャルハラスメント行為として法的責任まで問われることはないでしょう。ただ、職場では相手が不快に思うことは慎むべきであることは常識です。そのため、たとえ違法の責任を問われるものではないとしても、道義的・倫理的な責任はあり得ます。また、そもそも論として職場内で無用のトラブルを回避する観点からすれば、そのような疑わしい言動・対応を最初からしないということが正解であると思われます（この点は前記で述べたとおりです）。

第2 パワーハラスメント

1 パワーハラスメントとは

　職場におけるパワーハラスメントは、セクシャルハラスメントに次いで社会問題として徐々に認識されていったハラスメント類型ですが、セクシャルハラスメントとは一線を画すものです。というのもパワーハラスメントは、セクシャルハラスメントとは異なり、日常業務のなかで業務に紛れて行われることが非常に多く、業務行為として許される行為な

のか、そうではなく許されないパワーハラスメント行為なのかの区別が非常にわかりにくいという特徴があります。そのため、日本では「パワーハラスメント」という概念自体は認知されつつも、一体何がパワーハラスメントであるのかについての明確な共通認識が示されないままの状態が長らく続いていました。

　このような「パワーハラスメント」とは何かという基本的な問題を解決すべく、厚生労働省では2011年ごろから「職場のいじめ・嫌がらせ問題に関する円卓会議ワーキング・グループ」という研究チームが組織され、パワーハラスメントについての議論が重ねられてきました。そして2012年1月30日に同研究チームの報告により、パワーハラスメントについて「同じ職場で働く者に対して、職務上の地位や人間関係などの職場内の優位性を背景に、業務の適正な範囲を超えて、精神的・身体的苦痛を与える又は職場環境を悪化させる行為」であるとの定義が公表されました。そして同研究チームは、パワーハラスメントの行為類型の例示として（1）身体的な攻撃（暴行・傷害）、（2）精神的な攻撃（脅迫・暴言等）、（3）人間関係からの切り離し（隔離・仲間外し・無視）、（4）過大な要求（業務上明らかに不要なことや遂行不可能なことの強制、仕事の妨害）、（5）過小な要求（業務上の合理性なく、能力や経験とかけ離れた程度の低い仕事を命じることや仕事を与えないこと）、（6）個の侵害（私的なことに過度に立ち入ること）という6つの行為類型を例示しています。ここで挙げた行為類型はあくまで例示であって、パワーハラスメントのすべてを網羅するものではありませんが、この類型に該当する行為はパワーハラスメントとの評価を受けやすいということは注意しましょう。

　なお、同研究チームの報告内容も踏まえ、2019年5月改正の「労働施策の総合的な推進並びに労働者の雇用の安定及び職業生活の充実等に関する法律」（労働施策推進法）では、パワーハラスメントについて「職場において行われる優越的な関係を背景とした言動であって、業務上必

要かつ相当な範囲を超えたものによりその雇用する労働者の就業環境が害される」ものであるとの定義を定めています。このように近年になってようやくパワーハラスメントは、セクシャルハラスメントと同様、法律内での定義が明確となるに至りました。

②パワーハラスメントの違法性

　パワーハラスメントとセクシャルハラスメントが似て非なるものであることは前記のとおりですが、その違法性については両者をパラレルに考えることができます。すなわち、パワーハラスメントについてもこれを違法であると明確に謳った法規範は存在せず、不法行為（故意または過失によって、被害者が職場で平穏に働く権利・利益を、社会的相当性を逸脱して侵害する行為）として違法性を帯びると考えられています。

　他方、パワーハラスメントとセクシャルハラスメントが異なるのは、セクシャルハラスメントが性的な言動・対応であって一見して業務とは関係がなかったり、業務上の必要性を見出し難く、職場で行われれば社会的相当性を逸脱していると評価しやすいのに対し、パワーハラスメントは一見すると業務と関連していたり、業務上の必要性が否定し難い行為である場合が少なくないという点です。被害者が上長や先輩の言動について強い苦痛を覚えた場合、セクシャルハラスメントでは当該苦痛は重要な考慮要素の1つとなります。しかし、パワーハラスメントの場合はそのような言動が業務上必要な措置であったり、業務上我慢しなければならない措置であるような場合はハラスメントには該当しないのです。この点はセクシャルハラスメントとパワーハラスメントの大きな違いです。

　このように職場内での言動・対応が違法なパワーハラスメントに該当するかどうかは、セクシャルハラスメントよりも難しい問題であり、実務的にはより慎重に判断されるべき事柄とされています。この点を踏まえて次項のパワーハラスメントの判断基準をご覧ください。

③ パワーハラスメントの判断基準

　職場での上長や先輩の発言や行動が、被害者にとってハラスメントと思えるようなものであったとしても、それのみで当該発言や言動がパワーハラスメントとなるわけではありません。もちろん、職場では周囲に対して一定の敬意や配慮があってしかるべきであり、このような敬意・配慮を欠いた言動は、それ自体が非常識・不適切であることは当然です。そのため被害者においてハラスメントと受け止められても仕方ないような発言や行動については、倫理的・道義的な責任は十分認められる場合も多いかもしれません。しかし、セクシャルハラスメントと同様、このような倫理的・道義的な責任と、法的な責任はきちんと区別する必要があります。

　では、違法なパワーハラスメントとして法的責任が生じるのは、一体どのような場合であるのかが気になるところです。しかし、結論から先に申し上げると、セクシャルハラスメントの場合と同様、何がパワーハラスメントとなり、何がパワーハラスメントとならないのか明確で一義的な基準はやはり存在しないのです。そのため、パワーハラスメントについても、加害者側の言動・行動を個別に検討し、「職場において行われる優越的な関係を背景とした言動であって、業務上必要かつ相当な範囲を超えたものによりその雇用する労働者の就業環境が害される」ものであるかどうかを身長に判断していくしか無いのが実情です。

　このような判断のなかで最も難しいのは、加害者側の言動が「業務上必要かつ相当な範囲を超え」るものなのかどうかの判断です。この判断は、①業務との関連性があるか否か、②業務上の必要性があるか否か、③その態様が常識に照らして許容される範囲（相当といえる範囲）を逸脱しているか否かの３つのポイントを踏まえ、実際の言動や行動が常識的に許容されるものかどうかを事例ごとに判断していくのが一般的と思われます。

　例えば、業務と関連性がない事項について対応を強制される（例えば、

上長や先輩のプライベートな作業を手伝わせたり、休日に仕事と関係なく呼び出すなど）、業務上の必要のない指示・命令に対応するよう強いられる（例えば、1ヶ月後が締切の報告書を夜通し作業して1両日中に提出するよう求めたり、上長や先輩のデスクを常に清掃して整理しておくよう求めるなど）、言動や行動自体が職場の常識からしてあり得ないような内容である（例えば、被害者自身や家族の人格・人生観を否定するような言動など）という場合には、「業務上必要かつ相当な範囲を超え」るものと評価される余地が多分にあると思われます。そして、被害者において業務上適正は範囲を超える対応を強いられていると認められれば、多くの場合、その就業環境が阻害されていると評価されるようにも思われます。

　他方、上長や先輩の発言や行動が若干厳しいものであったり、被害者側としては苦痛を覚えるようなものであったとしても、業務に関連する事柄であって、業務上の必要性も相応に認められ、かつ、常識的見地からして十分あり得るような内容であれば、どんなに被害者がこれを辛いと感じたとしても、「業務上必要かつ相当な範囲を超え」ないものとして、違法なパワーハラスメントであることが否定されることは十分あり得ます。

　このような、①業務との関連性、②業務上の必要性、③態様の相当性という3つの視点は加害者側・被害者側の双方にとって重要な指針となると思われます。ここではケーススタディに移る前の簡単なトレーニングとして、パワーハラスメントの研究チームが報告書で挙げた（1）身体的な攻撃（暴行・傷害）、（2）精神的な攻撃（脅迫・暴言等）、（3）人間関係からの切り離し（隔離・仲間外し・無視）、（4）過大な要求（業務上明らかに不要なことや遂行不可能なことの強制、仕事の妨害）、（5）過小な要求（業務上の合理性なく、能力や経験とかけ離れた程度の低い仕事を命じることや仕事を与えないこと）、（6）個の侵害（私的なことに過度に立ち入ること）という6つの行為類型をこの3つの指針

に照らして見て行きましょう。

（1）身体的な攻撃

　身体的な攻撃は、①業務との関連性があってもなくても、②業務上の必要性が認められる余地はありませんし、③態様の相当性も基本的には認められないでしょう。そのため、この行為は、①～③の指針に照らせば基本的にはパワーハラスメントに該当するということになります。

（2）精神的な攻撃

　精神的な攻撃は、基本的には（1）と同様です。職場で相手を「攻撃」するということ自体が、①業務との関連性があってもなくても、②業務上の必要性や③態様の相当性が是認される余地は基本的に乏しいといえます。そのため、（2）も（1）と同様、①～③の指針に照らせば基本的にはパワーハラスメントに該当するということになります。

　ただ、精神的な攻撃は、身体的な攻撃に比して、その行為が「攻撃」と評価できるのかどうかで疑義が生じる余地が多分にあります。そのため、相手の発言や言動が「精神的な攻撃」といえるものなのかどうかは、ある程度客観的な側面から慎重な検討を要することは注意しましょう。

（3）人間関係からの切り離し

　人間関係からの切り離しについては、（1）（2）のような単純な行為態様ではないので、若干慎重な検討を要すると思われます。

　例えば、会社の機密を保持する観点や業務の円滑を保持する観点から一定の役職員を一定の職務や業務から隔離したり、会社の情報を一定の役職員にはアクセスできないようにしたりということは、日常的な業務のなかで十分あり得ることです。このような正当な理由に基づく隔離的行為は、①業務との関連性、②業務上の必要性はいずれも認めやすいですし、③態様の相当性も過剰なものでなければ否定されることは少ないでしょう。そのため、このような場合には、被害者側で会社の対応に不平・不満があったとしても、これをパワーハラスメントと評価する余地は乏しいと言えます。

他方、このような正当な目的のない隔離行為（例えば、全社的な行事や懇親会に参加させない、業務遂行上必要となる情報を共有しない、業務のなかで内線での連絡を無視したり、メールに返信しないことを繰り返す等）は、①業務との関連性はともかくとして、②業務上の必要性を認めにくいのが通常でしょうし、また、③態様の相当性についても積極的に相手を隔離・排斥するような行為は許容されない場合が多いように思われます。

　このように（3）については、正当な目的がある場合はこれをパワーハラスメントと評価するのは難しい場合が多いでしょうが、そうではなくて嫌がらせ目的で行われるような場合にはパワーハラスメントと評価される余地が多分にあると思われます（研究チームがこれを典型的なハラスメント行為として挙げているのも、後者の場合を想定してのことと思われます）。

（4）過大な要求・過小な要求

　過大・過小な要求についても、（3）と同様に慎重な検討を要する行為類型と思われます。すなわち、このような要求は、業務上の要求であることがほとんどですので、①業務との関連性は基本的に認めやすいと思われます。そして、②業務上の必要性、③態様の相当性の観点から、この業務上の要求が「過大」「過小」と言えるものかどうかを慎重に判断していくことになろうかと思われます。

　例えば、②業務上の必要性が高度であれば、相手のキャリアに照らして若干過剰・過小といえる場合でも直ちにパワーハラスメントとはなりにくいでしょうし、②業務上の必要性がそれほど高くなくても、③態様の相当性が十分に認められるような要求であれば、やはりただちにパワーハラスメントとは認めにくいように思われます。

　他方、②業務上の必要が極めて乏しく、かつ③態様についても必要性の観点から明らかに常識を外れた要求が繰り返されているような場合には、これをパワーハラスメントと認める余地はあろうかと思われます。

このように業務指示が過大か、過小かは一義的に決まる事柄ではありませんし、被害者側が過大・過小と感じたことが決定的になるわけでもありません。あくまで客観的状況を踏まえて業務指示が過大・過小と言えるかどうかがポイントとなります。

（5）個の侵害

　個の侵害とは、要するに相手のプライベートな事柄に過剰に干渉する行為を意味します。相手のプライベートな事柄であるため、基本的には①業務との関連性や②業務上の必要性が乏しい場合が多いでしょう。そのため、③態様の相当性においてこのような干渉行為が過剰・行過ぎであり、職場での通常のコミュニケーションや通常の人間関係から行われる範ちゅうを超えるような場合は、パワーハラスメントと評価される可能性は低くないと考えられます。

　例えば、職場内で休日の予定や家族の事柄について常識的なやり取りをしている限りはこれがパワーハラスメントとなる余地は乏しいと思われます。他方、このような範ちゅうを超えて休日に特に必要もないのに連絡を繰り返したり、休日に呼び出して雑用を手伝わせたり、休日の過ごし方や家族構成について本人が嫌がっているのに根掘り葉掘り執拗に尋ねるなどは、パワーハラスメントとなる余地が多分にあると思われます。

第3 マタニティハラスメント

1 マタニティハラスメントとは

　これまでセクシャルハラスメント、パワーハラスメントといったいわば「伝統的」なハラスメント行為について見てきましたが、近年ではこれらに加えて「マタニティハラスメント」という言葉が定着しつつあります。すなわち、女性労働者が妊娠・出産・育児等により従前どおりの労務提供ができなくなる、またはできなくなる可能性がある場合に、こ

れを理由に職場で不利益を与えたり、嫌がらせをする行為は、セクシャルハラスメントやパワーハラスメントと同様に古くから行われてきたのではないかと思われます。従前は、このようなこと（結婚、妊娠・出産した女性は退職するなど）が「あたり前」のこととして特に問題視されていなかったように思われます。しかし、女性の社会進出が進んだことや働き方の多様性が注目されようになったことなどにより社会的な意識が変化し、このような理不尽は徐々に見直され、不合理な男女差別であることが再認識されていったのでしょう。

　そして2014年10月にマタニティハラスメントについてのリーディングケースとなる最高裁判例が下されるとマタニティハラスメントを規制するべきという流れが加速し、2016年8月の均等法の改正により、マタニティハラスメントについて「職場において行われるその雇用する女性労働者に対する当該女性労働者が妊娠したこと、出産したこと、労働基準法第65条第1項の規定による休業を請求し、又は同項若しくは同条第2項の規定による休業をしたことその他の妊娠又は出産に関する事由であって厚生労働省令で定めるものに関する言動により当該女性労働者の就業環境が害されること」と定義付けがされ、セクシャルハラスメント、パワーハラスメントと同様、法律による明確な規制がされるに至っています。

2 マタニティハラスメントの違法性

　マタニティハラスメントもセクシャルハラスメント・パワーハラスメントと同様、違法行為となり得るものですが、この違法性については、厳密に言えば2つの視点で考える必要があります。

　具体的には、マタニティハラスメントについては、①女性労働者による妊娠、出産、育児等を理由として解雇その他不利益な取り扱いをする行為と②女性労働者による妊娠、出産、育児等を理由としてその就業環境を害する行為で区別されます。①の行為は均等法9条3項に違反する

行為であり、同法に違反するという意味で違法です。他方、②の行為は、パワーハラスメントやマタニティハラスメントと同様、民法上の不法行為（故意・過失により、被害者が職場で平穏に働く権利・利益を、社会的相当性を逸脱して侵害する行為）と整理され、この意味で違法と考えます。もっとも、この①②の区別は明確でない場合も多く、両者が重なる部分も多分にあるため、あえて両者を区別する意義は乏しいかもしれません。この点については、女性労働者による妊娠、出産、育児等を理由として相手に雇用上の不利益を与えたり、相手の就業環境を害する行為は、①または②のいずれかに該当する可能性があり、この場合にはいずれも違法の評価を受ける余地が多分にある程度の認識を持っていれば十分でしょう。

③ マタニティハラスメントの判断基準

　マタニティハラスメントについても、セクシャルハラスメントやパワーハラスメントと同様、明確な判断基準はありません。企業側の対応が前項② ①の不利益な取扱いとなるかどうか、②の就業環境を害するものかどうかをケースバイケースで判断することとなります。

　まず、①の不利益取扱いとなるかどうかについてですが、女性労働者が妊娠、出産、育児等が必要となる状態となったことを契機として、解雇、契約不更新、降格、不利益な配転、減給等がされた場合には、原則として違法なマタニティハラスメント行為であると評価されます。ここでいう「契機として」とは、妊娠、出産、育児等と因果関係がある場合を意味しますが、このような妊娠、出産、育児等の事由が終了してから１年以内に不利益な行為がされている場合、この因果関係が認められやすくなります。

　もっとも、妊娠、出産、育児等の終了から１年以内に何らか不利益な取扱いがされたとしても、業務上の必要性からやむを得ない措置であったような場合は、妊娠、出産、育児等を「契機として」行われたもので

はなく、純粋に業務上の必要性に応じて行われたものと評価され、違法なマタニティハラスメントであることが否定されることもあります。

　また、妊娠、出産、育児等を「契機として」行われたものであっても、労働者側が取扱いについてメリット・デメリットを十分に説明されてこれに同意しており、かつ、客観的状況を踏まえれば労働者側でこのような同意をすることに合理的理由があると認められる場合も、労働者の真摯な同意に基づくものであるとして違法なマタニティハラスメント行為とは評価されません。

　そのため、妊娠、出産、育児休業等から1年以内に何らか不利益を与えているから、ただちに違法なマタニティハラスメントであると判断するのは早計です。

　次に、②の職場環境を害するものかどうかについてですが、厚生労働省のガイドラインではこのタイプのマタニティハラスメントを大きく2つにカテゴライズしています。

　1つは、「制度等利用への嫌がらせ型」というものです。具体的には、労働者側が労働基準法や男女雇用機会均等法や育児・介護休業法等の法令により認められている妊娠、出産、育児に関する制度等の利用について申請したり、言及したことを理由とする、（ⅰ）解雇やその他不利益な取扱いを示唆して相手に雇用不安を与える行為、（ⅱ）制度等の利用を阻害するような言動により相手がこれを利用しづらい状況を作る行為、（ⅲ）相手の肉体的・精神的苦痛となったり、その就業環境を害するような言動とる行為がこれに該当するとされています。

　もう1つは、「状態への嫌がらせ型」というものです。具体的には、労働者側が妊娠、出産等したことを理由とする、（ⅰ）解雇やその他不利益な取扱いを示唆して相手に雇用不安を与える行為、（ⅱ）相手の肉体的・精神的苦痛となるような行為や就業環境を害するような言動とる行為がこれに該当するとされています。

　実際に職場での相手の言動や対応が違法なマタニティハラスメントと

なるかどうかは、その言動や対応が、前記のいずれのタイプのマタニティハラスメントに該当し得るのかを個別に検討していくことになります。

第4 新しいハラスメント

1 近年のハラスメント用語

　ここまで、セクシャルハラスメント、パワーハラスメント、マタニティハラスメントといった、ある程度「伝統的」なハラスメントについて説明してきました。これら「伝統的」なハラスメント行為は、現在、社会問題として明確に認識されており、法整備もそれなりに進められている状況です。しかし、近年ではこのような「伝統的」なハラスメントに加えて、インターネットやマスメディアによって次々と新たなハラスメントが紹介されています。ここでは近年「ハラスメント」として紹介されるいくつかの行為類型を紹介します。

　なお、ここで紹介する「ハラスメント」は、職場以外の場面を想定しているものも含まれますので、ご留意ください。

（1）アカデミックハラスメント

　「アカハラ」という用語を聞いたことがあるかもしれませんが、これは「アカデミックハラスメント」の略語のようです。おおむねの意味としては、大学などで教授等が教職者としての立場を利用して学生に対して学位を与えなかったり、不当に低い評価をしたり等理不尽な不利益を与える行為を指すようです。

（2）アルコールハラスメント

　「アルハラ」という用語もどこかで聞いたことがあるでしょう。これは「アルコールハラスメント」の略語のようです。おおむねの意味としては、職場等の飲み会で相手に無理にお酒を飲ませたり、お酒を執拗に勧める行為を指すようです。

（3）就活終われハラスメント

　「オワハラ」という用語は聞いたことがあるかもしれませんが、これは「就活終われハラスメント」の略だそうです。おおむねの意味としては、就職活動において内定や内々定を出した採用先が、内定者・内々定者を囲む目的で他社での就職活動を終わらせるように迫る行為を示すそうです。

（4）モラルハラスメント

　「モラハラ」という用語で半ば社会に定着しているように思われますが、これは「モラルハラスメント」の略語のようです。おおむねの意味としては、人格を否定するようなモラルのない言動により、相手を精神的に支配したり、追い詰める行為を示すようです。

（5）スモークハラスメント

　あまり聞き慣れない言葉ですが「スモハラ」と呼ぶそうです。おおむねの意味としては、タバコを吸わない人やタバコを嫌う人に無理にタバコを吸わせたり、そのような人の前でタバコを吸って受動喫煙を強いるような行為を示すようです。

（6）スメルハラスメント

　こちらもあまり定着はしていないのかもしれませんが「スメハラ」と呼ぶそうです。おおむねの意味としては、体臭や口臭に気を使わなかったり、逆に気を使いすぎて香水を過剰に使用するなどして、周囲に不快な思いをさせる行為を示すようです。

（7）ソーシャルハラスメント

　SNSが広く普及する現代社会ならではのものです。「ソシャハラ」とか「ソーハラ」などと呼ばれており、「ソーシャルハラスメント」の略語だそうです。意味としてはTwitterやFacebookやInstagramなどのSNSでの友達登録を強制したり、SNSの投稿を逐一監視したりすることで相手を不安・不快にさせる行為を指すそうです。

　なお、このようなハラスメント用語は、現在、無秩序・無尽蔵に生み

出され続けています（例えば、ハラスメントであると声高に主張し続けることがハラスメントであるという、ハラスメントハラスメントという用語も紹介されています）。このような他人の不快な言動を軽々と「ハラスメント」と言い切ってしまうことが良いのか悪いのかはさておいて、これらの類型的行為は一部の人間にとっては不快・不安に思う事柄であるということはあり得るようです。そのため、行為者に法的責任があるか否かはともかくとして（多くの場合は法的責任は認め難い場合がほとんどでしょう）、このような行為は相手を不快・不安にさせる可能性があるから一定の注意・配慮をするべきであるという意識を持つことは、トラブルを予防するという観点から大切かもしれません。

　また、仮に自身が不安・不快に思ったことがインターネットで調べてみたら新たな「ハラスメント」に該当すると思うことがあったとしても、相手をただちに「ハラスメント」の加害者であると決めつけるべきではありません。このような新しい「ハラスメント」は多くの場合、行為者側には何らの法的責任も発生しない場合がほとんどであり、新たな「ハラスメント」に該当したとしても、相手に何らかの要求が法的に可能となるというものではないからです。もしも自分が何らか新しい「ハラスメント」の被害を受けていると感じることがあったとしても、相手とどのように接するかは慎重に判断することが、やはりトラブル予防の観点から大切でしょう。くれぐれも軽々と相手を「ハラスメント」の加害者と断定して、相手を攻撃したり、相手の責任を強く追及するなどないように気をつけたいものです。

Ⅱ ハラスメント・ケーススタディ（事例）

第1 セクシャルハラスメント
1. セクシャルハラスメントと評価される可能性が高い事例
2. セクシャルハラスメントと評価されにくい事例
3. セクシャルハラスメントとなるかどうか判断の分かれる事例

第2 パワーハラスメント
1. パワーハラスメントと評価を受ける可能性が高い事例
2. パワーハラスメントと評価を受ける可能性が低い事例
3. パワーハラスメントとなるか判断の分かれる事例

第3 マタニティハラスメント

第4 新しいハラスメント
1. アカデミックハラスメント
2. アルコールハラスメント
3. モラルハラスメント
4. 就活終われハラスメント

Ⅱ ハラスメント・ケーススタディ（事例）

　前記のハラスメントに関する基本的な考え方を踏まえ、職場での言動等について事例を踏まえながら、違法なハラスメント行為に該当するのか、どのように行動するべきであったのかについて見ていきたいと思います。

　ここで紹介する事例はあくまで仮想事例ですが、職場での実際の言動について判断する上で参考となればと思います。

第1 セクシャルハラスメント

① セクシャルハラスメントと評価される可能性が高い事例
（1）職場で性行為やわいせつ行為に及んだ

　A社の営業部に務めるX（男性）は、後輩であるY（女性）と、日常業務の一環で営業車で営業先を回ることが度々あった。XとYは関係良好で、営業車の中でも会話が弾むことが多く、仕事のことだけでなく、プライベートのことも含めて会話を楽しむことがしばしばであった。XはYに対して異性として好意を抱くようになり、Yの様子からも自身に好意を抱いているように思われた。

　ある時、XとYは営業先から帰社する車内でいつものようにプライベートな事も含めてYとの会話を楽しみ、帰りの道中に一緒に夕食を取った。その後、XとYが営業車に乗り込んだ後、Xは、Yと良い雰囲気であると感じてYの手を握ったところ、Yはこれを拒まなかった。そのため、XはYが自分を受け入れたものと考え、Yにキスをして体を触るなどしたところ、Yが仕事中であるからやめて欲しいと訴え、Xはそれ以上は何もしなかった。

翌日、Yから「なぜあのようなことをしたのか」とメールが来たので、XはYに好意を抱いていたこと、YもXに好意を抱いてくれていると考えていたこと、Xが手を握っても拒まれなかったので自分を受け入れてくれたと考えてしまったことを伝え、素直に謝罪したが、Yは、後日、Xからセクシャルハラスメントを受けたとの被害を会社に申告した。

評 価 ★

　本事例では、XのYに対する一連の行為が違法なセクシャルハラスメントとなるかが問題となります。そして結論としては、XがYとプライベートな会話をしたことや帰りの道中で食事を共にしたことはセーフですが、手を握る以降の行為は完全にアウトであると考えます。以下、詳しく解説していきます。

　まず、XがYとの間でプライベートな会話を楽しむことは職場ではありふれた光景ですし、その内容がことさら卑猥な内容であるとか、Yがこのような機会をことさら嫌悪していたという特別な事情もなさそうです。そうすると、このようなXの行為がセクシャルハラスメントと評価される可能性はほとんどありません。また、XとYが営業先からの道中で食事を共にしたことも特に職場での光景として珍しいことではなく、食事を一緒にとることはことさら性的な意味を持つものでもありませんので、やはりセクシャルハラスメントとはならないと考えます。

　他方、XがYの手を握った後、キスをして体を触った行為は、Yを性的な対象とする直接的な性的接触行為といえます。そうするとこれが「性的な言動」に当たることは明らかでしょう。また、このような行為があればYがXとの関係を思い悩み、仕事を一緒にしづらいと考えるのは当然であって、その「就業環境を害する」ことに該当することも問題ないでしょう。XとしてはこれまでのYとの関係やYが手を握っても拒まなかったことから勢いでやってしまったのかもしれませんが、Yからすれば職場の先輩であるXの面子やプライドに配慮したり、今後も仕事を共にする相手との関係に配慮して明確な拒絶の態度を取りにくいということも十分あり得ます。そのため、このような事情を加味してもXの行為が許容される余地はなさそうです。

予防策

　それではXは本件でどのような対応を取るべきだったのでしょうか。この答えは明快であり、どんなにYに対して好意を抱いていたとしても、勤務時間中にYに対して性的な言動を行うべきではなかったということに尽きます。Xがどうしてもやに自身の好意を伝えたいのであれば、まずはセクシャルハラスメントに当たらない通常のコミュニケーションのなかで（本事例で言えば、車内で楽しく会話をしている最中など）、Yとプライベートで会う約束を取付けた後、プライベートな時間と場所を利用して好意を伝え、Yの意思を尊重するというステップを踏むべきでした。Xの失敗は場所・時間・状況について冷静な分析を欠いたこと、Yの感じ方・受け止め方についてあまりに無配慮であったことでしょう。

（2）職場の飲み会で卑猥な言動を繰り返した

事　例

　A社の経理部に務めるXは部の同僚・後輩数名と飲み会をすることとなり、勤務を終えた後にメンバーと会社近くの飲み屋に行った。飲み会のメンバーは、男性2名、女性3名であり、1次会は仕事の話やプライベートな話で盛り上がった。その後、同じメンバーで2次会に向かうこととなったが、Xはその時点で相当に酔っていた。2次会でもXは相当飲酒し、酒の勢いもあって、メンバーの女性1名にしつこく絡んでしまい、Yに対して自分の性的な能力や体質や経験について赤裸々に話しつつ、Yから同様の事柄をしつこく聞き出そうとした。周りのメンバーは、Yが明らかに嫌がっていたのでXを制止したが、Xは酔っていたせいもあり、Yに対してしつこく絡み続けた。

　後日、Yは、Xから飲み会の場でセクシャルハラスメントを受けた旨を会社に申告した。

　本事例で問題となるのが、①XのYに対する行為が「職場」で行われたものといえるのか、② ①がYESとして、XのYに対する言動は違法なセクシャルハラスメントに当たるのかです。結論は、①②共にYESといって良いと思います。以下、解説します。

　まず、①について、セクシャルハラスメントにおける「職場」とは、労働者が業務を遂行する場所（オフィスや取引先など）を意味しますが、これ以外の場所で行われる懇親会等であっても、職務との関連性、参加者の属性、参加の任意性等の観点から職務の延長と捉える余地がある場合は「職場」に該当し得るとされています。本事例の飲み会は、参加は任意なので仕事であるとまではいえません。しかし、メンバーが同じ部署の人間であること、勤務終了直後から行われていること、職場の近くの店であること等を踏まえると、職場の人間関係が持ち込まれてしかるべき飲み会であって「職場」の延長であるとの評価は十分あり得ると考えられます。

　次に、②について、１次会は、プライベートな話題がされてはいますが、懇親を深める飲み会でプライベートな話題が出ることは当然ですので、それ自体は何も問題はありません。また、１次会ではこのような通常の話題を超えてことさら性的な話題に言及があったこともありませんので、１次会はセーフでしょう。他方、２次会については、Xが自身の性的な能力や体質や経験に言及したこと、Yに同様の事項について尋ねたことは、いずれもあからさまな「性的な言動」といえます。また、他メンバーはYの様子を見てXを制止していますので、YがXによる言動について不快感・不安感を抱いていたことも認められやすいでしょう。そして飲み会の場という逃げ場のない状況でXがYに絡み続けたことは、Yに相応の精神的苦痛を与えるものと評価することもできますので、Xの行為は違法なセクシャルハラスメントと認めるべきと考えます。

　では、Xがどのように振る舞うべきであったかですが、Xはたとえ酔っ払ってもYに対して露骨な性的話題を持ちかけるべきではありませんでした。まったくのプライベートな空間であれば、アルコールによって多少羽目を外しすぎてしまうこともあるかもしれません。また、このようなまったくのプライベートな時間・空間のなかであれば、多少際どい話題であっても「職場」には当たらないという理由から、少なくとも職場でのセクシャルハラスメント行為ではないと判断される余地もあったかもしれません。

　しかし、本件のような完全にプライベートであるとは言い切れない飲み会（仕事終わりに部署のメンバーで行く飲み会等）では、職場での人間関係が持ち込まれることは不可避です。そうするといかに気心がしれたメンバーであっても「職場」の人間同士である以上、超えてはならない一線を忘れてはいけません。もしアルコールが入ると自分を自制できない、自制する自信がないという場合は、職場での飲み会ではアルコールの量をコントロールすることを積極的に意識する方法もあり得ると思います。もしXがアルコールを抑えていれば、そもそも性的な話題に言及することはなかったかもしれませんし、少なくとも周囲が制止した時点で態度を改めてYに謝罪したかもしれません（そうすれば大事にはならなかったでしょう）。

　このように「職場」の延長ともいうべき飲み会は気が緩みやすくセクシャルハラスメントに発展してしまうリスクが多分にありますので注意するに越したことはありません。

（3）職場の相手をデートに誘ったところ拒否されたので、嫌がらせ
をした

　　X（女性）は管理職としてプロジェクトチームの責任者を務めることが多かったが、チームメンバーの部下として仕事をすることが多かった男性社員Yに対して好意を抱くようになった。XもYも独身であり、また、その時点で特に付き合っている人もいなかったので、Xは、ある時、Yをプライベートな食事に誘ってみた。しかし、YはXとは仕事上の関係でありプライベートで会うつもりはないと、Xのことを異性として意識したこともないときっぱりとXの誘いを断ってきた。Xは、Yの冷淡な対応にショックを受けると共に、自分が異性として否定された気持ちになり、とてもみじめで恥ずかしい気持ちとなった。以降、Xは、Yを避けるようになり、チームのプロジェクトから特に理由なくYを外したり、チームの懇親会にYを呼ばなかったりということを繰り返した。結果、Yはチームから浮いた存在として周囲から距離を取られるようになり、働きづらさを感じて退職してしまった。

　　本事例で問題となるのは、①女性であるXから男性であるYに対するセクシャルハラスメントが成立するのか、②XのYに対する対応が違法なセクシャルハラスメントといえるのかどうかです。そして、結論としては、やはりいずれもYESと考えます。

　　まず、①について、確かに、セクシャルハラスメントといえば男性が女性に対してするものというイメージが強いかもしれません。そして実際にもセクシャルハラスメントの事例のほとんどは男性を加害者、女性を被害者とするものです。しかしレアケースかもしれませんが、女性が男性に対して性的な言動（相手に異性である

ことを意識させる言動）をとることも絶対ないことではありません。また、均等法はセクシャルハラスメントを男性から女性に対する性的な言動に限定していません。そのため、法律的には女性から男性に対するセクシャルハラスメントも成立すると考えられています。そのため、Xが女性であるという理由のみで、XからYに対するセクシャルハラスメントの成立が否定されることはありません。

次に、②について、XのYに対する一連の行為は、Yに対してプライベートでの交流を持ちかけたところ、Yがこれを拒否したため、Yを冷遇してしまったというものであり、カテゴリーとしては環境型ではなく、対価型のセクシャルハラスメントとして検討するべきと思われます。具体的には、XのYに対する言動が「性的な言動」といえるか、XのYに対する取扱いがYの対応を理由とする「雇用上の不利益」といえるかを検討することになります。

まず、XがYを２人きりのプライベートの食事に誘った行為ですが、一般的には異性間でのこのような行為は、多少なりとも相手を異性として意識していることをうかがわせる行為ですし、相手からしても自分が異性として見られていることを意識しやすい行為です。また実際にもXはYへの好意からこの誘いをしていますので、総合的に見れば当該行為は「性的な言動」と評価される可能性がそれなりにあると考えます。なお、このように異性を食事に誘う行為自体が「性的な言動」と評価されるのであれば、このように誘った時点で違法なセクシャルハラスメントとなるのではないかと考える人がいるかもしれません。しかし、相手をプライベートの食事に誘うことそれ自体は社会生活のなかではよくあることですし、１回食事に誘ってみた程度であれば、性的な意味合いを認め得るとしても、それが特別強いとまではいえないでしょう。そのため、通常のコミュニケーションの流れのなかでプライベートな食事に１度誘ったということであれば、Yにことさら精神的苦痛を与えるものでもなければ、Yの就業環境を害するものでもないため、ただちに違法なセクシャルハラスメント行為があったと評価するのは性急と思われます。そのため、この時点ではセーフと判断します。

次に、XのYをプロジェクトから外したり、懇親会に呼ばなかったりという行為に問題がないかですが、確かにYの冷淡な対応でXがショックを受けたことや、気

まずさを覚えたことは人情であり、それ自体責められるものではありません。その
ため、このような負の感情を内面で留めている間は無論セーフです。しかし本件の
ようにこれが内心に留まらず、職場でYをことさら排除するかのような行動として
発露させることはアウトと言わざるを得ないでしょう。このような職場から職員を
排斥する行為は一般的に「雇用上の不利益」と評価し得るところです。また、本件
のようにチームの重要なプロジェクトに参加できないことはY自身のキャリア低下
につながるという具体的な不利益があり、懇親会に参加できないことは周囲とのコ
ミュニケーション機会を失うという具体的不利益があります。実際このような排除
する行為によりYは周囲から浮いた存在と認識されてしまい、その就業環境も害さ
れていると評価できます（実際にYが退職していることがその証左です）。そしてY
がXに邪険にされたことに対する負の感情からこれらの行動を取ったのであれば、
それは「性的な言動」に対するYの対応を理由とする行動と評価されてもやむを得
ないでしょう。

　したがって、XのYに対する一連の行為は、Xの「性的な言動」に対するYの対応
を理由とする「雇用上の不利益」を与える行為として、違法なセクシャルハラスメ
ントに該当すると考えます。

予防策

　本事例でのXの失敗は、Yに対する負の感情を自身の内面に留めることがで
きなかったことに尽きます。

　まず、XがYに好意を抱いたことは人間として通常の事柄であり、責めるべ
きポイントは特にありません。また、Xが当該好意からYに対してプライベー
トな誘いをしたことも、通常のコミュニケーションのなかで常識的な誘い方を
したのであれば、特に問題視されるものでもないことも前記のとおりです（も
ちろん、トラブルを極力避けるためにこのようなこと自体をそもそも控えるべ
きという考え方はあり得ますが、これは倫理的・道義的な問題でしょう）。その
ため、ここで踏み止まることができれば、特に大きな問題とはなりませんでした。

しかし、Xは自分が女性として否定されたことのショックからか、感情を抑えることができませんでした。もちろん、Yの断り方は若干人間味を欠く部分があったかもしれませんし、もう少しXに対する配慮があっても良かったのかもしれません。しかし、Xの誘いを受け入れるか、拒否するかは、本来的にはYの自由であり、Yの対応をことさら批判・非難することはできませんし、Yの断り方が多少ショッキングなものであったからといって、XがYに対して雇用上の不利益を与えて良いことにはなりません。そのため、Xとしては、Yに断られた時点でYへの感情を押し殺し、あとはビジネスライクに淡々と接するべきであったと思われます。

　職場での恋愛は実社会では珍しいことではありませんが、相手に対する恋愛感情のもつれは仕事にもちこまないように気をつけたいところです。

（4）職場の相手に異性として意識している言動を繰り返した

事　例

　X（男性）は、同期入社のY（女性）と良好な関係にあり、職場のなかで仕事のことからプライベートなことまで会話をすることが多々あり、また、昼食や夕食を一緒に取ることも多々あった。Xは、Yとの長い付き合いのなかでYへの好意を抱くようになり、ある時、一緒に食事をして職場に戻る際に、Yに好意があり付き合って欲しいことを伝えた。しかし、YはXを良い友人と考えてはいたが、恋人となるつもりはなかったことから、やんわりとこれを断り、仲の良い友人として今後も良好な関係を続けていきたい旨を伝えた。Xは、Yから断られたことを辛いと感じつつもYへの好意を断ち切ることができず、また、諦めずに思いを伝えればいずれYが振り向いてくれるかもしれないと思い、その後も、折を見てYに告白をしたり、食事に誘うことを繰り返していた。しかし、Yは段々とXの告白が重荷となり、Xへの対応に困っているとして、上司に相談した。

　本事例では、XのYに対する告白が、Yに対する違法なセクシャルハラスメントとなるかどうかが問題となります。XとYは同期として仕事上の仲間であると共に良い友人関係にありますので、職場でプライベートな話をすることや昼食や夕食を一緒にとることは、ことさら「性的な言動」とはいえず、これらがただちに問題となることはまずありません。しかし、XがYに対して異性として好意を伝え、男女の交際を申し入れたことは、Yを異性として意識していることを明確にする行為ですし、YとしてもXから異性として見られていることを意識せざるを得ない行為であるため「性的な言動」に当たるでしょう。またXが告白後もYを誘い続けていたのであれば、Yからすれば自身が性的な目で見られていることを意識せざるを得ませんので、従前は問題なかった食事に誘う行為も「性的な言動」であるとの評価を受けやすくなるということもあると思います。

　この点、XがYに対して最初に告白をした行為は、XとYが従前より良好な関係にあったことを踏まえれば不自然な事柄ではなく、社会生活のなかで通常あり得るレベルの事柄です。また、YとしてもXの告白をことさら嫌悪したというわけではなく、単に異性としては見ていないという理由から交際を断ったという程度に過ぎません。そうすると告白が1回限りの行為であれば、Yにことさら精神的苦痛を与えたり、Yの就業環境を害するものとは言い難く、ただちに違法なセクシャルハラスメントとなるとは思われません。しかし、Yが告白を拒否したあとも、XがYに付き合ってほしいとの告白を繰り返しつつ、食事に誘うことを繰り返した行為は、Yからすればしつこく交際を迫られており精神的に苦痛であると感じてもやむを得ないものですし、Xの視線などが気になってしまい仕事がしづらいと感じることも十分あり得ることです（実際、YはXからのアプローチが苦痛であるとして、上司に相談しています）。そのため、XがYへのアプローチを繰り返した行為は、全体的には違法なセクシャルハラスメントと評価される余地が多分にあろうかと思われます。

　実社会のなかで、同期入社の異性に好意を抱くということはまったく珍しいことではなく、実際、職場の同期と付き合っているという人もいるかもしれません。そのため、XがYに対して好意を抱いたことや、XがYに自分の好意を伝えたことは、それ自体は何もおかしいことではなく、ことさら問題とする必要はないでしょう。Xの失敗は、Yから断られたあとに、Yの気持ちに配慮せず、Yへのアプローチを繰り返したことです。

　もちろん、Xが考えたように思いを伝え続ければいつか伝わるはずというロマンティックな考え方はなくはないでしょうし、実際、そのような熱烈なアプローチでうまくいったという事例もあるのかもしれません。しかし、このような熱烈なアプローチを嬉しいと思うか、迷惑であると思うかは、人それぞれです（そして多くの場合、後者のように感じる人が多いのではないでしょうか）。職場外の人間関係であれば、このようなアプローチは流したり、無視していれば足りますが、職場という逃げられない空間・関係のなかでこのようなアプローチが繰り返されれば、どう処理してよいかわからず重荷になってしまうということは十分あり得ると思われます。そのため、Xのようなロマンティックな視点でつっぱしってしまうと、これがうまく行かなかった場合、取り返しのつかないことになってしまうかもしれません。

　職場での恋愛沙汰は、単なる色恋沙汰に留まらず、違法行為として法的な責任を問われれる事態にまで発展するリスクがあります。そのため、職場での恋愛については、自分の気持ちだけでなく、よりより相手の気持ちに配慮した、慎重な対応が必要と言えるでしょう。

（5）相手がセクシャルハラスメントについてクレームをあげたので嫌がらせをした

事例

　　X（男性）は職場の同僚であるY（男性）と職場でつるむことが多く、普段からYとの間で職場の女性の誰がかわいいとか誰が好みであるという話題で盛り上がることが多かった。ある時、職場の飲み会でXはYといつものように職場の女性についてあれこれ話をしていたところ、同じ飲み会に参加していたZは「そのようなことは相手に対して失礼であり、聞いていて気持ちの良いものではない」とXとYをたしなめた。しかし、XもYも「飲み会中の戯言なので気にし過ぎである」としてZの忠告を聞こうとせず、その後も同じような話題を続けていた。後日、Zは会社人事部にこの飲み会での出来事をセクシャルハラスメントではないかと申告し、会社の人事部はXとYを呼び出してZからの報告について事実の有無を確認し、今後、同様の行為をしないよう厳重に注意した。XとYはこの注意を受けて以降は職場で同様の会話をすることを控えるようにしていたが、Zに対する悪感情から、Zについて「ヒステリックである」とか、「自分が相手にされないからひがんでいる」などと、Zの人格をおとしめるような誹謗中傷を何度か行うことがあった。

評価
★

　本事例では、XとYの行為のうち、①職場の女性についてこれを品評するかのような会話をしていたことが違法なセクシャルハラスメントとなるか、② ①についてZが会社に相談・報告したことを理由にZを誹謗中傷する行為が違法なセクシャルハラスメントとなるかが問題となり得ます。

　まず、①について、XとYの会話は職場の女性の異性的な魅力について言及するものですので、彼らが職場の特定の女性について性的な関心があることを示す行為

です。そのため、たとえ会話している場に言及している相手がいない場合であっても、両者の会話は「性的な言動」に該当し得るといえます。また職場の飲み会が、「職場」の延長としてこれに該当する可能性があることは前述のとおりですので、もしこの飲み会が「職場」であると評価された場合、XとYの会話は違法なセクシャルハラスメントとなる余地はあります。ただ、これが実際に違法なセクシャルハラスメントとなるかどうかは、XとYの実際の会話内容次第です。例えば、飲み会の席で「誰々がかわいい」「誰々が美人」という話題を多少する程度であれば、XとYが言うように単なる「戯言」に過ぎないとして、違法性までは認められないことも多いように思われます。他方、XとYの会話がそのような「戯言」の範ちゅうを超え、職場の女性をことさら性の対象としているかのようなきわどい内容となる場合（例えば「誰々と性的な関係を持ちたい」など）には、たとえアルコールの影響があったとしても許されない行為として、違法なセクシャルハラスメントと評価される可能性は十分あります。

　本事例では、XとYが実際どのようなやり取りをしていたかはわかりませんので、両名の飲み会での行為が違法なセクシャルハラスメントとなるかどうかは明確ではありません。ただ、Zがこれを不快に感じたということやZから不快感を示されても会話をやめなかったこと、会社の人事部がXとYに今後慎むよう注意したことは両名の法的責任を肯定する方向に働くものといえ、厳密に評価した場合には飲み会での会話がされた時点で違法なセクシャルハラスメントがあったと評価されることはあるかもしれません。

　次に、②について、XとYは会社の人事部から注意されたことで以降は、職場の女性について職場内であれこれ言及することは控えていますので、それ自体は肯定的に評価されるべきものです。しかし、XとYがZを逆恨みして誹謗中傷した行為はアウトです。まず、XとYの飲み会での会話が「性的な言動」に該当し得ることは前記のとおりです。そして、ZがXとYに職場の飲み会にふさわしくない行為であると忠告し、忠告を無視したXとYの行為を問題視して人事に報告したことは、両名の「性的言動」に対して、Zが一定の対応をしたものと評価できます。そして、XとYはZがこのような対応をしたことを理由に、Zの人格をおとしめるような誹謗中

傷を職場内で行うに至っており、その経緯からしてもZに相応の精神的苦痛を与えるものと評価されても仕方がありません。そうすると、XとYがZを誹謗中傷した行為は、Zに対する違法なセクシャルハラスメントと評価するべきものといえます。この場合、XとYの「性的な言動」の対象者とセクシャルハラスメントの被害者が異なることとなりますが、均等法は必ずしも性的な言動の対象者が被害者であると定めていません。また実際にも職場での性的な言動について、その対象者が特に不快の念を抱いていなくても、職場にいる周囲の職員が不快感を抱くことは珍しいことではなく、これをあえてセクシャルハラスメントから除外する必要がありません。そのため、XとYの「性的な言動」がZに向けられたものでなくても、XとYのZに対する誹謗中傷を違法なセクシャルハラスメントと評価することの障害とはなりません。

　なお、XとYからすれば飲み会での会話は職場でよく行っているコミュニケーションの一環であり、また、話題となっている本人にことさら聞かせる目的で行っていないので、おそらく軽い気持ちで会話をしていたものと思われます。しかし、XとYにとっては何気ない「戯言」であっても、Zにとっては職場の女性を性の対象として見ているかのような会話に不快感を抱いたことはことさら理不尽ではなく、また、XとYがZの忠告を無視して会話を続けたことは不適切と言わざるを得ません。そのため、Zが両名の言動に問題があるとして会社に報告したことは「性的な言動」への対応として基本的には是認されるべきものです。XとYがこれを不快に感じてZを誹謗中傷したことは、逆恨みであって何ら正当化する余地はなく、XとYの責任は否定されないと思われます。

予防策

　XとYの失敗は多数あります。マクロ的な視点ではそもそも職場の女性について品評するようなやり取りを普段から軽々としていたことでしょう。またミクロ的な視点では、Zから忠告を受けた時点で会話を即時終了して謝罪しなかったこと、Zが会社人事に通報したことを逆恨みしてしまったこと、Zへの逆恨みを内に留められず誹謗中傷という最悪の形で発露させてしまったことなどが

失敗ポイントとして挙げられます。

　職場の仲の良い男同士であれば、女性の好みについて話題が及ぶことは通常あり得ることですし、職場の女性をトピックとしてこのような会話をすることが絶対に許されないとまでは言いません。しかし、そのような話題は必ずしもこれを愉快としない人間もいるセンシティブな話題であることを忘れるべきではなく、XとYは少なくとも時と場所をわきまえるべきでした。また、このような話題がセンシティブな話題であることが十分に理解できていれば、Zから指摘された時点でXとYは正しい行動が取れたのではないかと思います。

　このように、自身が職場内で普段何気なく行っている会話が、常識に照らして絶対に許されるものなのか、問題となる側面があるのではないか、という慎重な姿勢は大切にしたいところです。

② セクシャルハラスメントと評価されにくい事例

（1）職場の相手に残業を指示するため休日や勤務後の予定を尋ねた

事　例

　X（男性）は、会社の経理課長を務めていた。経理課は常時人員不足でありメンバーは基本的に残業をしなければ仕事が回らない状況であって、Xがメンバーに残業を命じることは日常的にあった。その日は金曜日であったが、Xは経理メンバーの誰かに残業を指示しようと思い、経理メンバーのY（女性）に仕事を割り振って残業で処理すること、金曜日に間に合わなければ土曜日も来社して業務を処理してほしいと依頼した。しかし、Yから勤務後に予定があるのでできれば週明けにして欲しいとの申し入れがあったため、XはYに対して金曜日の勤務ごと土曜日の予定について詳しい説明を求めた。これに対し、Yから、Xから自分の意思に反して土日のプライベートの予定を根掘り葉掘り聞かれたとして会社にセクシャルハラスメントではないかと申告がされた。

　本事例では、XがYに勤務後や休日の予定を詳しく聞く行為が違法なセクシャルハラスメントに該当するかどうかが問題となりますが、結論として、本件のXの行為は完全にセーフでしょう。

　Yからすれば勤務後の予定や休日の予定はプライベートな事柄であり、男性である上司からプライベートな事柄を根掘り葉掘り聞かれたことは不快であったのかもしれません。しかし、Xの行為はYに残業を指示しようとしたところ、Yがこれに難色を示したことから、Yにおいて残業命令を拒否するに足りる正当な理由があるかどうかを見極めつつ、X側で業務分配や業務処理の予定を調整するべき事情があるかを確認するといった業務上正当な目的によるものです。そのため、XがYの勤務後や休日の予定を尋ねた行為には性的な意味合いは一切なく、これを「性的な言動」と評価する余地がありません。

　また、Xの行為はYに対してプライベートな事柄を1回聞いたというものに過ぎず、執拗な態様ではありませんし、内容についてもことさら性的な意味が強いともいえない内容です。したがって、Xの行為は仮にこれがYの意に沿わないものであったとしても、客観的に見てことさらYに精神的苦痛を与えるものではありませんし、Yの就業環境を害するものとも言い難いといえます。

　したがって、XのYに対する行為は「性的な言動」にも当たらなければ、Yに精神的苦痛を与えたりその就業環境を害するものとも認め難く、違法なセクシャルハラスメントとはなりません。

（2）職場の相手を食事に誘ったが断られた

事例

　X（男性）は営業部に所属していたが、本年、営業サポートとして新人のY（女性）が入社した。Xは、先輩として、Yに色々業務指導をすることがあり、Yと会話をする機会が多かった。Xは、Yとの間でプライベートなことも含めて会話を楽しむことがあり、Yともっと親しくなりたいと思うようになった。また、Yとの親交を温めることは今後の営業活動を円滑にする上でも有益であるように思われた。そこで、Xは職場でYと会話をしているなかで休日に2人で食事に行くことを提案した。しかし、Xの予想に反してYは「職場の人とそういう関係になりたくない。Xがそのようなつもりだったとは知らなかった」とXの提案に嫌悪感を示した。Xは、Yの反応に驚きつつもその場をとりなし、それ以上Yを誘うことはしなかった。

評価

　本事例では、XがYとプライベートなことを含む会話をしたり、Yを休日に食事に誘う行為が違法なセクシャルハラスメントとなるかどうかが問題となります。

　この点、Xが先輩社員であり、Yが入社したての後輩社員であることをことさら重視すると、XがYからプライベートなことを聞いたり、休日に食事を共にするよう誘うことは、Yの心理的な負担となり得るとしてセクシャルハラスメントであると考える人がいるかもしれません。

　まず、XがYとプライベートに立ち入る会話をすることについて、職場内のコミュニケーションでは仕事のことだけでなくプライベートのことに話題が及ぶことは特に珍しいことではありません。加えて、XとYは日常的に一緒に仕事をする機会が多く、緊密にコミュニケーションを取ってもおかしくない間柄であるといえます。そうするとXとYの会話のなかでプライベートな事柄に言及されることがあったと

しても、ただちにこれが性的な意味を持つとは言い難いように思われます。Xはあくまでこのような職場でよくある常識的なコミュニケーションの範ちゅうで行動しており、先輩社員であることをことさらタテにして嫌がるYからプライベートを根掘り葉掘り聞き出したという事情もありません。そうすると、XがYとの間でプライベートな事柄について会話したことは、それのみでただちに「性的な言動」と評価されるものではなく、違法なセクシャルハラスメントには該当しないと考えます。

　次に、XがYを休日に2人きりの食事に誘う行為は、たとえ業務の円滑に資する側面があるとしても一般的には相手を異性として意識していることをうかがわせる行為であり、誘われた側も自身が異性として見られている可能性を意識せざるを得ないものです。そのため、当該行為は、ことさら性別・性差を意識させる行為として「性的な言動」に該当し得ることは否定できません。しかし、Xの行為は、Yとの会話の流れのなかでYを1度だけ食事に誘ったという程度であって、Yが拒否の姿勢を示すとすぐに提案を撤回して、それ以上Yを誘うことはしませんでした。そうすると、Xの行為は「性的な言動」と評価する余地がないではないものの、客観的に見てYに対してことさら精神的苦痛を与えるものとは言い難いですし、Yの就業環境を害するものとも言い難いと思われます。そのため、XがYを食事に誘った行為も、違法なセクシャルハラスメントと言うには足りないと考えます。

　したがって、本事例のXの行為はセーフであり、違法なセクシャルハラスメントには該当しないと考えます。しかし、Xがプライベートな会話のなかでことさら性別や性差を意識させる話題（これまでどのような人と付き合ってきたのか、どのような異性がタイプなのかなど）に固執したり、Yが断っているのに執拗に食事に誘うことを繰り返したりした場合には、違法なセクシャルハラスメントと評価されるケースも十分あり得ますので、この点は留意しましょう。

（3）職場の相手と個別面談を行うため部屋の扉の鍵を締めた

事　例

　営業部の責任者をしているX（男性）は部下である営業職数名との間で営業成績に関する個別面談を行っていた。Xは面談の際に、社員をそれぞれ個室に呼び出し、入室後に部屋の鍵を締めて人の出入りができないようにして、面談相手とマンツーマンで話をするというものであった。Xは面談相手全員について同じ対応をしており、基本的には昨今の営業活動についての近況報告や業績評価など仕事に関する話を行っていたが、営業成績が芳しくない社員については家庭のことや交際相手のことなど、プライベートな事柄についても多少話をすることがあった。営業部門のメンバーであるYとZ（いずれも女性）両名は、Xが部屋の鍵をかけて密室としたことに恐怖を覚えたとか、密室で男性上司と２人きりの空間となったのが不快であったとか、そのような空間でプライベートな事柄を根掘り葉掘り聞かれたなどがセクシャルハラスメントではないかと会社に申告した。

評　価

　本件では、Xが部下社員との面談に当たり、積極的に２人きりとなる密室を作り出したことや密室でプライベートな事柄を聞いた行為が違法なセクシャルハラスメントとなるかどうかが問題となります。ただ、先に結論から申し上げておくと、Xの行為はいずれも違法なセクシャルハラスメントとはならないと考えられます。

　まず、Xが面談のために個室にYやZを呼び出して、部屋の鍵を締めた行為ですが、この面談は営業成績という幾分センシティブな話題であり、社員のプライバシーに対する配慮が不可欠といえます。このように相手とセンシティブな事柄について話をするにあたり、他の社員が不用意に面談の内容を見たり、聞いたりして本人のプライバシーが害されることを防止することは業務上必要なことですし、常識的にも

是認されるべきものです。また、職場において男性社員と女性社員が共に個室で作業をすることはよくありますし、機密性の高い案件であればその際にドアロックをすることは普通にあり得ることです。そのため、密室で男女の社員が席を共にすることが、ことさら相手に精神的苦痛を与えることは考えにくいですし、また、相手の職場環境が害されることも考えにくいです。したがって、Xが営業成績について話すためにYやZを個室に呼び出し、部屋に鍵をかけた行為は、YやZがこれをどう受け止めたかにこだわらず、違法なセクシャルハラスメントと評価される可能性はほぼありません。

　次に、XがYやZとの面談のなかで営業成績に関することだけでなく、プライベートな事柄についても話を聞いた行為についてですが、確かに面談の趣旨からすれば営業成績に関することだけ聞けばよく、あえてプライベートな事柄を聞く必要はないという考え方はあります。しかしながら上司と部下のコミュニケーションでは、場の雰囲気を和ませる趣旨で仕事のことだけでなくプライベートな事柄についても会話が及ぶことはよくあることです。また、営業成績が良かったり、悪かったりという理由が職場外にある可能性も十分にあり、Xがこの点を見極めるためにプライベートな事柄についてもある程度話を聞くことは、常識的に許容されるはずです（例えば、体調が優れないとか、家庭や交際がうまくいっていないなど）。そのため、Xによる面談のなかでプライベートな話題にまで言及があったというのみで、ただちにXの行為が違法なセクシャルハラスメントとの評価を受けるものではないと考えます。もっとも、無論ですが、このような面談での会話が一般的なプライベートな話題に留まらず、ことさら性的な話題に及ぶようであれば、違法なセクシャルハラスメントと評価される余地も十分ありますので、その点は留意してください。

③ セクシャルハラスメントとなるかどうか判断の分かれる事例

（1） 職場の指導の一環で行ったことがセクシャルハラスメントと申告された

　Xは営業部のエースとして普段から十分な業績をあげており、会社の期待も厚い人材であった。Xは自分の担当する営業活動をこなすかたわら、営業部の同僚・後輩の指導も担当しており、新人として入ってきた女性営業職Yを先輩として指導することとなった。Xの所属する営業部は男性メンバーがほとんどであり、女性メンバーは少なかった。Xは、男性中心の営業職でYが埋もれることなく存在感を示すことができるようになればとの真摯な思いから、Yに対して「Yは女性であるから、男性と同じことをしていても勝てない。自分が女性であることを弱みではなく、強みとして考えるべきである」という指導をすることが多く、例えばYが若い女性であることを全面に押し出して取引先に魅力的と思ってもらうことや先輩や同僚に愛想を振りまくことでかわいがってもらうことなどは、後々、自分にとって有利に働くというような指導をすることがあった。Yは、Xが男性と女性をことさら比較することや、自分が女性であることを武器とするような指導をすることを苦痛に思い、会社にセクシャルハラスメントではないかと申告した。

　本事例では、Xは性的な目的ではなく純粋に指導目的で行った言動がセクシャルハラスメントとなるかどうかという問題があります。本件はかなり微妙な事案であり、違法なセクシャルハラスメントであるとの評価、違法なセクシャルハラスメントには当たらないとの評価、いずれもあり得るように思われます。

　まず、Xの指導内容は、Yが若い女性として魅力があることを強調するものです。

このような指導を受けたYからすれば、自身が女性であることを強く意識してしまうことは不可避でしょうし、ともすればXから単なる後輩ではなく「女性」として見られているかもしれないと意識する可能性も否定できません。そのため、Xによる指導内容はそれ自体は、「性的な言動」と整理される可能性が高いと思われます。

　次に、このようなXによる「性的な言動」が、Yにことさら精神的苦痛を与えたり、Yの職場環境を害するような違法なセクシャルハラスメントと評価されるのかどうかが問題となりますが、この点がかなり微妙です。確かに、Xの言動それ自体がYをして女性という性別や男性との性差を強く意識させるものであること、Yからすれば性別・性差を職務で活かすことを強く示唆されていると受け止めざるを得ないことを重視すれば、Yに相応の精神的苦痛を与えるものであるし、Yが職場で仕事のしづらさを感じてしかるべきものとして、違法なセクシャルハラスメントであるとの評価はあり得ると思います。しかし他方で、Xの指導内容はことさらに卑猥であったり、露骨な性的表現であるわけではなく、性的な意味合いが強いとまではいえません。また、Xによる指導はあくまでアドバイスに留まるもので強制ではなく、また、あくまでYが職場で存在感を示す方法の1つを例示したに過ぎないという見方もできます。さらに、XはYに対する嫌がらせ目的で当該指導に及んだわけではなく、Yのキャリアを真剣に考えての行動ですし、YからXに対してことさら指導内容を拒否する姿勢が示されていたわけでもありません。このような多角的な見方をすると、Xによる指導が「性的な言動」に当たるとしても、これを違法なセクシャルハラスメントと断じることはなおも躊躇すべきという考えも十分あり得ます。

　したがって、Xの指導が違法なセクシャルハラスメントとなるかどうかは、不透明であると言わざるを得ません。このように、セクシャルハラスメントとなるかどうかは、慎重な検討を要する場合もありますので、注意しましょう。

（2）職場の相手に対して事あるごとにスキンシップをすることを繰り 返した

　Xは、総務部の責任者として勤務していた。総務部には男女同程度のメンバーが所属しており、Xは部下である所属メンバーとのコミュニケーションを大切に考えていた。Xは所属メンバーと接する場合や指導をする場合、癖で腕や肩や背中を軽く叩くことが多く、特に意識しないでこれを行っていた。また、Xとしては、男性メンバーと女性メンバーへの対応について特別区別して意識しておらず、全メンバーについて同じような対応をしているつもりであった。しかし、総務部メンバーのYは、Xが事あるごとに腕や肩に触れてくることを不快に感じ、人事部にセクシャルハラスメントではないかと申告した。

　本事例では、XがYと職場で接するなかで身体に触れる行為が違法なセクシャルハラスメントとなるかどうかが問題となります。

　まず、肉体的な接触行為（スキンシップ）は、社会的には性的な表現行為の１つとカテゴライズされることが多いです。そのため、職場でこれが行われた場合、行為者本人が性的な意味合いで行っていなくても、どうしても接触された側は性的な意味合いがあるのではと意識してしまいがちです。このような理由から、相手に直接触れる行為は、基本的には「性的な言動」と評価されやすいといえます。本件のXのYに対して触れる行為についても性的な意味合いを否定するべき強い理由がない以上、「性的な言動」であると評価される可能性が高いと言えます。

　次に、XのYに対する接触行為がYに対して精神的苦痛を与えるものであったり、その職場環境を害するものかどうかが問題となります。まず、Xが職場で事あるごとにYに触れることを繰り返していたことや、Yがこれを不快に感じていたことを

重視すれば、Xの行為はYの精神的苦痛となるものであり、違法なセクシャルハラスメントに該当するとの結論を導きやすくなります。しかしながら、Xは職場内でのコミュニケーションの一環として当該行為を行っているに過ぎず性的な目的がないこと、XがYにだけ接触行為を繰り返しているのではなく職場の部下（男性・女性問わず）に対して等しく同じ様な対応をしていること、Xの接触行為が腕、肩、背中等を軽く叩く程度でありことさら性的な意味合いが強いとは言いにくいこと、YがXに対して接触を控えて欲しい旨明確に伝えたことがないこと等を踏まえると、Xの行為は一般的にあり得る範囲にとどまっており、Yに対してことさら精神的苦痛を与えるものとは言い難いという評価もあり得るところです。

　したがって、Xの行為を違法なセクシャルハラスメントと断じるかは、やはり躊躇されるところです。もっとも、YがXに対して「接触は苦手なのでやめて欲しい」と伝えたり、周囲から「嫌がる相手もいるから控えたほうがよい」と指摘されても、Xが構わずこれを繰り返したような場合には、これが違法なセクシャルハラスメントと評価される可能性は相応に高まると思われます。この点は注意しましょう。

第2 ▶ パワーハラスメント

①パワーハラスメントと評価を受ける可能性が高い事例
（1）部下がミスをしたので暴力を伴う叱責した

事例

　Xは、解体現場の監督を務めており、作業員のYやZを監督する立場にあった。Yは常日頃から仕事でのミスや間違いが多く、また、作業のある日の朝に突然仕事を休む旨連絡してきたり、連絡なく仕事に来なかったりと、その勤務態度もかんばしくなかった。Xは、Yがミスをしたり、突然来なかったりということを繰り返す都度、社会人として常識的な対応をするよう、繰り返し注意指導してきた。Yはその場では「すみません」とは言うものの、結局勤務態度が改ま

ることはなく、Xはその都度、ミスをフォローしたり人員の補填に駆け回ったりと、Yの尻拭いをしてきた。ある時、Yが解体現場の足場の発注を怠り、当日になっても足場が到着せず、作業ができないという事態が生じた。Xは、Yに対し、なぜこのようなミスをするのかをただしたが、Yは特に反省もせず「忘れたものは仕方がない」と横柄な態度を取り続けた。Xは、Yの無反省な態度に激高し、Yの頭を平手で強く叩いて怒鳴りつけ、もう職場に来なくて良いと言ってYを帰宅させた。その後、Yから本社にXに暴力を受けたとの申告がされた。

評　価
★

　本事例では、上長であるXが、部下であるYに対し、平手で叩いて叱りつけたうえ、一方的に帰宅させた行為が違法なパワーハラスメントとなるかが問題となります。前記の通り、違法なパワーハラスメントとなるかどうかは、加害者側の行為が「業務の適正な範囲」を超えるものかどうかが重要な判断のポイントとなることが多いです。本事例でも、Xの行為が、「業務の適正な範囲」に留まるか否かが判断のポイントとなりそうです。この点について、業務との関連性、業務上の必要性、態様の相当性という３つの視点で見ていきましょう。

　まず、XのYに対する叱責行為は、業務に関連して行われたものですし、Yの非常識な勤務態度を踏まえれば叱責の必要性も十分でしょう。そうすると業務との関連性や業務上の必要性は特に問題とならなそうです。しかしながら、XがYを叱責するにあたって叩くという有形力を行使した点はいかなる理由があっても態様として不相当と言わざるを得ません。

　確かに、Yの勤務態度は最悪であり、その無反省な姿勢も常識的に許容されるものではありません。そのため、XがYの態度に腹を据えかねて感情的な振舞いをしてしまうことも、理解できないではありません。しかし、どのような理由があっても、職場において手を挙げる行為が正当化されることは絶対にありません。相手を殴ったり、叩いたりという有形力の行使は、刑法の暴行罪に該当する犯罪行為です。一般社会においてこのような犯罪行為が正当化されるのは正当防衛や緊急避難など

の特別な場面に限られており、職場での仕事においてこのような特別な場面に出くわすことは、基本的にないと考えてください。したがってXのYに対する叱責行為は、Yに対して暴力を奮っている点で態様の相当性が認められる余地が一切なく、業務との関連性・業務上の必要性を加味しても、「業務の適正な範囲」を超えることになります。

　また、XがYを一方的に帰宅させた行為については、Yがただちに職場を離れるべき理由が特にないことからすれば、業務との関連性や業務上の必要性をただちに認め難いですし、帰宅させるまでの一連の言動（相手に暴力を奮い、即時解雇をうかがわせるような発言をしていること）を踏まえると、態様の相当性も否定される可能性が高いと思われます。

　したがって、XのYに対する一連の行為は、全体的に「業務の適正な範囲」を超えて、Yに肉体的または精神的苦痛を与える行為として、違法なパワーハラスメントに該当すると思われます。

予防策

　本件のXはよく言えば人間的であるのかもしれませんが、悪く言えば感情的で短絡的であって、法律的にはアウトです。Xの失敗は、Yに対する怒りの感情を抑えることができなかったことでしょう。職場の人間関係はあくまで雇用契約という契約関係に基礎を置くものであり、人間的な繋がりに基礎を置くものではありません。そのため、職場内でのやり取りに必要以上に人情や感情を持ちことは本来あるべき関係をゆがめ、トラブルの素となります。そのような職場は冷たくて嫌だ、アットホームな職場が良い、という意見はもっともではありますが、そのような職場は関係がうまくいっているうちは良いですが、一度関係が悪化すると足かせとなります。何事もバランスが大切でしょう。

　では、今回のXがどのような対応をするべきであったかですが、本件についてはXが単独かつその場限りで判断をするのではなく、本社と十分に協議したうえでYに対する懲戒処分等の人事的な処分を検討するべきでした。また、場

合によっては適正な手続を履践して、Yを普通解雇するという方法も検討でき
たかもしれません。前記の通り、職場での人間関係はあくまで契約関係であり、
この関係を念頭に置けば、Yが契約上の義務（会社の指示に従って適正・適切
に労務を提供する義務）を十分に果たしていないことは明らかです。このよう
な場合には契約に従って処理するのがセオリーであり、殴ったり、罵倒したり
という契約とは関係ない対応をするのは誤りです。

　職場でのやり取りのなかで相手に腹が立つこともあるでしょうし、カッとな
ることもあるかもしれません。しかしそのような場合こそ、冷静さを失わない
ことが大切といえるでしょう。職場での人間関係はあくまで契約関係です。義
理・人情や価値観・人生観を求め過ぎないようにすれば、感情的になることを
幾分抑えられるかもしれません。

（2）部下や部下の家族について人格を否定する発言をした

　Xは、営業チームのリーダーを務めており、チームメンバーを監督する立場
にあった。チームメンバーの１人であったYは、営業職でありつつコミュニケ
ーションが苦手であり、Xは常日頃からYのコミュニケーション能力の低さを
苦々しく思っていた。Xは、営業チームのメンバーを連れて仕事終わりに飲み
に行くことが度々あり、その日もいつものようにYを含む営業メンバーと飲み
に行った。その飲み会の席で、Xはアルコールが入って気が大きくなっていた
こともあり、Yへの不満から、他メンバーの前でYに対してコミュニケーショ
ン能力が低い、それは両親の教育が悪かったせいである、家族間でのコミュニ
ケーションも十分取られていないに違いないというようなことを話しながら、
Yに対してこのままでは仕事もうまくいかないし、人生もうまくいくはずがな
いというようなことを言ってYを叱責した。Yは、その場では特に何も反論し
なかったが、後日、会社に対してXからの叱責が辛くて働けないと申告があった。

　本事例では、XがYを飲み会の場で叱責した行為が、違法なパワーハラスメントとなるかが問題となります。本事例でも、XはチームリーダーとしてYを監督する立場にあり、Yに対する優位的地位は問題ないでしょう。そのため、Xの行為が業務の適正な範囲を超えるものかどうかが、やはり論点となります。

　まず、XのYに対する叱責は職場での勤務時間中に行われたものではなく、勤務時間が終了した後の飲み会という仕事半分、プライベート半分という空間で行われたものです。このような飲み会のなかで仕事の話や職場の話をすることは通常あり得ることですが、この範囲を超えて部下の能力や適性について叱責したり、職場での振舞いを批判・非難することがふさわしいかについては、慎重に検討するべきです（個人的にはこのような業務上の叱責は、職場という場所で、かつ、しかるべきタイミングにおいて行うべき事柄であると思います）。この点を踏まえると、本件のような半分プライベートな場でXがYを叱責したことは、業務との関連性や業務上の必要性を十分認められるかは疑問と言わざるを得ないところです。また、Xによる叱責の内容は、Yのコミュニケーション能力を論難するうえで、Y自身やYの両親に対する侮辱的な内容を含んでおり、また、Yの人格や人生を否定するような内容となっています。このような叱責は、指導のための叱責というより、Yに対して嫌悪感をぶつける叱責であるというべきであり、また、内容的にもYが憤りを覚えたり、深く傷ついて当然の内容です。このような相手の人格否定に及ぶ叱責は、態様としても明らかに不適切であることから、態様の相当性を認める余地はありません。

　したがって、XのYに対する叱責は業務の適正な範囲を明らかに超えるものということになりそうです。そして、Xの叱責行為により、Yは深く傷ついて、今後の就労について困難を訴えるに至っていますので、Xの叱責行為はYにことさら精神的苦痛を与えたり、その職場環境を害するものという点もいえるでしょう。よって、XのYに対する叱責行為は違法なパワーハラスメントであるということになります。

　本事例でのXの失敗は多々ありそうですが、大きく言えば飲み会の場でYに対する業務指導をしたこと、Yに対する嫌悪感から指導をしたことの2点でしょう。

　まず、飲み会の場という点ですが、飲み会の場は純粋な仕事場ではありませんし、複数のメンバーがいることが通常です。そのような場はそもそも業務指導の場として適切ではありません。もちろん飲み会のなかで仕事に対するアドバイスや軽い忠告をすることはよくあることですし、それ自体は適切であることもあります。しかし、このような場で本件のように労働者の能力・適正という重たい論点について上司が部下に厳しい指導をすることは、相手からすれば不意打ちに近いでしょうし、周囲に他の社員がいれば羞恥・屈辱の念を覚えることは当然であって、指導を受ける側の精神的なダメージは大きくなりがちです。上司が部下に対して厳しい指導を行う場合は、時と場所を選ぶことが大切です。

　また、嫌悪感からの指導という点は、もうまったく言い逃れができないと思います。前記の通り、会社（上司）と社員との関係はあくまで契約関係であり、師弟関係のような人間的関係ではありません。この点を誤解している方は少なくないと思いますが、労使関係には人間的な価値観や人生観などが入り込む余地はそもそも乏しいのです。そのため、上司の部下に対する指導も、契約的観点から労働者が義務を果たしているのかどうかという点にフォーカスされるべきであり、労働者の人間性・人格などは指導の対象とはならないのが通常です。XのYに対する叱責は、Yが営業職として必要なスキルであるコミュニケーション能力が乏しいということを指摘するに留まっていれば、指導として許容される範囲であったかもしれません。しかし、Xの叱責はこれを超えて、Yの人生や人格に対する否定を含む内容となっており、適正な指導の範ちゅうを超えると言われてもやむを得ないでしょう。

　前記の通り、職場での人間関係はあくまで契約に基礎を置くものであり、上

司といえども、相手の人生、人格、家庭環境などに立ち入って良い道理はありません。部下を指導する立場にある人間は、この点を押さえておくことが大切でしょう。

（3）部下がミスをしたので退職届を提出するよう執ように求めた

　Xは、社員が10名程度の小規模な広告代理店を経営していた。社員のYは普段からミスが多く、取引先からYに対するクレームも多かった。Xは、Yが賃金に見合った仕事をしていないと常日頃から考えていたところ、ある日、Yの業務に不備があり、大口の取引先から「担当者を変更して欲しい」と若干厳しいクレームが寄せられた。Xは、Yがミスを繰り返すことに憤りを覚えつつ、このままYを雇用し続ければ会社の不利益となると考え、Yに対して「会社を辞めて欲しい」ということを伝えた。Yは業務処理に不手際が多いことを認めたもの、退職については難色を示していた。しかし、XはYにどうしても会社を辞めて欲しいと考え、それ以降もYに対して事あるごとに退職届の提出を求めていた。結果、Yは会社に居づらくなり退職したが、退職後、Xから退職を強要する違法なパワーハラスメントを受けたとして、訴えを起こした。

　本件ではXがYに対して退職届を提出するよう繰り返し求める行為が違法なパワーハラスメントとなるかが問題となります。

　この点、企業が労働者に対して任意の退職を促す行為を「退職勧奨」といいます。このような退職勧奨は、相手に対して自由な意思に基づいて退職して欲しいことを求めるものであれば、基本的には適法と考えられています。そのため、Xのように社長という圧倒的な優位性のある立場の者が、一社員に過ぎないYに対して行う場

合であっても、あくまで相手の任意退職を求めるに過ぎない場合、退職を求めることについてそれなりに理由があるのであれば、それがただちに違法なパワーハラスメントとなることは無いと思われます。そのため、Xが最初にYに対して「会社を辞めて欲しい」と伝えたことは、これのみて違法なパワーハラスメントということはないでしょう。

しかし、このような退職勧奨が適法なのは、あくまで労働者が自由意思によって退職することを求めている場合に限られます。逆に言えば、このような勧奨行為が労働者の自由意思を制圧・排除するような態様で行われれば、その適法性は失われることになり、両者の関係性によっては違法なパワーハラスメントと評価される可能性が高まります。例えば、本件のようにYが退職することについて難色を示した後も、Xが事あるごとにYに退職届を提出するよう繰り返し求めた行為は、退職したくないというYの自由意思を制圧・排除して、Yに退職を強いる行為として、違法な退職勧奨（退職強要）行為であったと評価される余地が多分にあると思われます。そのため、Xの行為は、たとえ業務との関連性があり、業務上必要ということがあったとしても、態様としては不相当であるとして、業務上適正な範囲とは認められないという結論となるように思われます。

そして、Xによる執拗な退職勧奨によりYは仕事の継続を困難と考えて退職してしまいましたので、XのYに対する行為は、ことさらYに精神的苦痛を与えるまたはその職場環境を害するものであったと評価されてしかるべきものでしょう。

したがって、XがYに退職届の提出を繰り返し要求した行為は、Yに対する違法なパワーハラスメントに該当すると考えます。

予防策

本事例のXの対応は、Yに対する嫌悪感からではなく、このままでは会社が大きな不利益を被るかもしれないという切実な思いからであると思われます。Xが経営者であることを踏まえれば、Xの動機自体は理解できないことはありません。しかし、XにおいてYが退職届を提出すれば万事解決すると考え、そ

れのみを一方的に推し進めてしまったことは軽率だったと言わざるを得ません。過去の状況と比較してだいぶ変化してきてはいますが、日本の社会ではいまだ終身雇用の考え方は根強く残っており、転職市場は欧米ほど成熟していません。そのため、労働者にとって退職・転職は今後の人生設計に関わる重大な問題である場合が多く、ある程度慎重に検討せざるを得ないでしょう。Xの失敗はそのようなY側の事情にまで思いが至らなかったことにありそうです。

　では、Xがどのように対応するべきであったかですが、XとしてはYが退職届の提出について難色を示した時点で、一度、Yへの退職勧奨は停止するべきでした。そのうえで、Yの業務処理の不備やミスについて、都度、E-mailや文書による明確な注意指導を行い、必要に応じて懲戒処分等を検討するような、きめ細やかな労務管理を重ねる方向にシフトチェンジするべきでした。このようにきめ細やかな労務管理を相当期間継続してもYの問題が改善されないという場合には、それを理由に再度の退職勧奨を行うことは十分あり得ますし、場合によっては普通解雇等を検討することもあり得るでしょう。このように、きちんとしたステップを踏めば、多少時間はかかりますが、会社の利益を保護するというXの目的は適正に達成できたかもしれません。労働者との雇用を終了する場合には、外形的に会社としてできることはすべてやったと認められるかどうかを意識することが大切です。

（4）ミスをした部下に対して公然と問題を指摘して厳しく叱責した

　Xは、経理部門の責任者を務め、10名前後の部下を統括していた。Xの部下で、経理部門のメンバーでYは普段から会計処理上のミスが目立ち、Xはミスを見つける都度、これを指摘して是正させていた。経理部門では４月から新人が複数名配属され、Yはそのうちの何名かを指導する立場にあった。しかし、Yは指導する立場にありながら、やはり普段の仕事でミスをすることが多々あ

り、Xはこのような状況を放置することは、新人教育として良くないと考える
ようになった。そのため、Xはある時、Yがいつものようにミスをしたときに、
経理部門のメンバー全員（新人も含む）をCCに入れて、Yのミスを指摘しつつ、
「Yは普段からミスが多すぎること」「Yのようにいい加減な処理をすることは
経理部門では許されないこと」「特にYは下を指導する立場に有るのだから通常
以上に気をつけなければならないのに自覚が足りないこと」などを内容とする
E-mailを送信して、Yを注意した。Yはこのようなメールを送信されたことに
ショックを受け、会社にXの行為はパワーハラスメントではないかと申告した。

評 価
★

　本事例では、XがYに対して前記のようなメールを送信する行為が、違法なパワ
ーハラスメントとなるかどうかが問題となります。ここでもXの行為が業務の適正
な範囲を超えるものかどうかを検討することになりますが、本事例の場合はXがY
に送信したメールの内容の当否の問題とXのYに対する注意指導の方法（やり方）
の当否の問題という2つの視点で検討していくことになります。

　まず、前者について、XがYに対して前記内容で注意指導をすること自体は、業
務に関連していることは明らかであり、Yが普段からミスの多い社員であることを
踏まえると業務上の必要性も否定されないでしょう。また、メールの内容は、大要、
Yの業務処理にミスがあったことを指摘し、Yの立場に言及しながら慎重に業務を
処理するよう促すというまっとうなものです。そして、メール内の表現もことさら
Yの人格を否定したり、Yを侮辱するものではなく比較的穏当であるため、内容的
には態様の相当性も否定されないでしょう。そのため、Xの送信したメールの内容
が、ただちに違法なパワーハラスメントを構成するということにはなりにくいとい
えます。

　他方、後者について、XのYに対する注意指導の方法は、前記のようなメールをY
だけでなく、経理部門のメンバー全員をCCに入れて行っています。しかも、CCに
は経理部門に配属されたばかりで、Yの指導を受ける立場にあった社員も含まれて

います。このような個人に向けた注意指導は、当該個人に対して行うことが道理であり、無関係の周囲をあえて巻き込む必要性は基本的にはありません。Xとしては経理部門全体の引締めの意図があったのかもしれませんが、このような周囲を巻き込む方法はYにとっては吊り上げと受け止めてしかるべきであり、羞恥心や屈辱感を強く刺激されるものです。しかも、メールのCCにはYが指導していた新人も含まれており、このような新人を前に吊し上げを受けたYの羞恥・屈辱は計り知れないことは想像に難くありませんし、今後Yがこれら新人に対して指導教育を行う支障となる可能性もあります。そうすると、Xが選択した方法は、業務との関連性はともかく、業務上の必要性が乏しいうえ、態様の相当性も認め難いという結論となりやすいように思われます。

　このように、XのYに対する注意指導は、内容だけ見れば業務の適正な範囲にとどまりそうですが、その方法も加味すれば、全体的に業務の適正な範囲を超えるものであるという評価を受けるように思われます。このような叱責があった後、少なくともYによる新人への指導はやりづらくなるでしょうし、実際、YはXの行為にショックを受けて会社に相談しており、Xの行為はYに対してことさら精神的苦痛を与えるまたはYの職場環境を害するものであったと考えるべきでしょう。したがって、XのYに対する注意指導は、全体的に見れば違法なパワーハラスメントと評価されてもやむを得ない行為であったということになります。

予防策

　Xが経理部門の責任者として、部門内の引締めを図ろうとしたこと自体は特別責められるべきことではありません。しかし、そのためにYという個人を犠牲（人柱）にしたことは、軽率だったといえます。XはYの業務処理に問題があると考えたのであれば、他の社員を巻き込むことなく、まずはYに対してピンポイントで注意指導をすれば十分だったはずです。Xとしては他の社員を巻き込むことでYに対してこれ以上のミスはできないという心理的なプレッシャーを与えることができると考えたのかもしれませんが、このようなプレッシャ

一が本当にミスの抑止に繋がるのかどうかは正直疑問です。ましてや、このような心理的プレッシャーを与えるメリットと、Yが職場内で著しい羞恥心・屈辱感を感じるデメリットが釣り合うのかも疑問です。Xの行為は、職場内で他の社員の前で名指しで批判され、業務処理に問題があることを声高に指摘されたYの心情・立場への配慮が足りなかったと言わざるを得ません。

　では、Xとしてはどのように行動するべきだったのでしょう。まずYの業務処理にミスがあった点については、当然、しかるべく注意指導をするべきです。この点、E-mailという形の残る方法で注意指導をすることは特段問題はありませんし、むしろ形に残る注意指導として推奨される対応です。そのためXが、Yのミスについて、Yのみに前記のようなE-mailを送信していれば対応としては必要かつ十分であったといえるでしょう。

　また、部門全体の引締めという意味では、あえてYに言及する必要はなかったといえます。すなわち、Xが部門全体の引締めを企図したのであれば、特定個人に言及せず経理部門の職務・職責の重要性を部門内で通知すれば十分だったはずです。Xとしては一石二鳥を狙ったのかもしれませんが、自分の行動が相手や周囲にどのような受け止め方をされるのか、一旦冷静に考えてから行動すべきでした。行動を起こす前に相手の立場に立って物事を考えることの大切さがよくわかります。

（5）ミスをした部下に対して手書きの反省文を繰り返し提出させた

事　例

　Xは、営業部門の責任者であり普段から自身にも部下には厳しく接していた。Xは営業職には精神力、忍耐力といった胆力が大切であるという持論を持っており、部下である営業メンバーに対しても、営業活動は顧客に対する粘り強い姿勢を持って欲しいと常々思っており、実際にそのような指導・アドバイスをすることも多々あった。ある時、営業部門メンバーであるYは、担当顧客との

間でトラブルとなり、当該顧客から会社にクレームがあり、取引が停止される事態となった。Xはこの自体を重く見て、Yにおいて原因を究明しつつ内省を深める趣旨で事実経緯を踏まえた反省文を提出するよう指示した。Yは反省文をWordで作成してXに提出したが、XはYの精神力を鍛える趣旨で全文手書きで出し直すように指示した。Yはこれに従って手書きの反省文を再提出したが、Xは誤字があったり読みづらい部分があったので、きれいに清書して出し直すよう再度指示した。この後も、Yが提出する度、Xは内容や形式の不備を理由に改めて自筆の反省文を提出し直すように指示し、Yは何度も自筆の反省文を作成することを余儀なくされた。

評価 ★

本事例では、XがYに対して反省文を提出するよう命じたこと、提出した反省文について何度も再作成を指示したことが、違法なパワーハラスメントに該当するかが問題となります。

まず、XがYに対して反省文の提出を指示したことは、業務と関連することは明らかです。また、Yが取引先とのトラブルについて原因を究明したり、自身の行動を省みることは、同様のトラブルが再発することを予防する上で一定の効果があるでしょうし、これらの手段として反省文や始末書を作成することが有効であることも一般的に是認されています。そのため、XがYに対して反省文の作成・提出を指示したことについては、業務上の必要性も、態様の相当性もいずれも肯定できると考えます。

他方、XがYの提出した反省文の再作成を繰り返し命じたことについてはどうでしょう。もちろんYの提出した反省文について内容や形式に不備・不足があれば、Xが再提出を求めるのは当然の対応です。しかし、Xがあえて手書きで反省文を作成するよう求めたり、内容や形式に一部でも不備があれば全文の書直しを命じたりすることは、業務上の必要性や態様の相当性をいずれも見出し難いように思われます。すなわち今回の反省文の主目的はあくまで原因究明や自省により再発を防止することにあり、書面作成自体を目的とするものではありません。このような目的を

踏まえますと、Yが反省文をあえて手書きで作成する必要性は乏しいですし、一部の不備を理由に書面全部を再作成する意味もありません。内容や形式に不備があったのであれば、当該問題のある部分だけ修正すれば十分のはずです。そのためXが内容不備を理由に、反省文の全文を手書きで再作成するよう繰り返し求める行為は、そもそも業務上の必要性が乏しいと言わざるを得ません。また、このような写経的作業はYに相当な肉体的・精神的苦痛を与えるでしょうし、Yからすれば目的不明の嫌がらせと受け止めてしかるべきものです。そのためXの要求はYとの関係では態様の相当性も認め難いと思われます。

　なお、Xとしては、Yに対する嫌がらせ目的ではなく、Yの胆力を鍛えたいという思いからこのような措置を講じており、その動機はまったく理解できないものではありません。しかしながら、これまで何度も説明してきたとおり、会社内の人間関係はあくまで雇用契約で規律されているものに過ぎず、上司と部下の関係も単なる契約上の結びつきに過ぎず、そこには師弟関係のようなものは一切存在しないのが現実です。部下の精神力・胆力を鍛える契約上の必要がある場合はともかく、個人の精神力・胆力はあくまで個人の自由に委ねられるべき事柄です（そして実際の社会のなかでは、このような契約上の必要性は認められないことがほとんどでしょう）。そうすると、Xがこのような崇高な動機で今回の行為に及んでいたとしても、それのみで業務上適正な行為であったと認められるわけではなく、前記の結論を左右しないと考えます。

　したがって、XがYに反省文の再作成を繰り返し命じた行為は、業務上の必要性、態様の相当性が共に認められず、全体的に業務の適正な範囲を超えるものであり、XのYに対する行為は、違法なパワーハラスメントと評価するべきものであったと考えます。

予防策

　今回のXによる失敗は、Xが独自の精神論をYに押し付けてしまったことにあるでしょう。XとYが職場での上司・部下ではなく、何かしらの技能・技術に

関する師弟関係にあったのであれば、Xの行為は特に問題がなかったのかもしれません（Xの行為が適切であるということではなく、そもそもその当否が議論されるべきではないということです）。しかしながら、職場での人間関係はそのような師弟関係ではなく、あくまで会社と労働者との間の雇用契約に基礎を置く関係であることは、これまで何度も説明してきました。この契約関係で重要なのは、労働者が会社の指示命令に従って、契約の目的に合致するような労務提供を行っているかどうかです。そのような労務提供がされる限り、労働者側の価値観や信念等の精神的な問題は入り込む余地は基本的にないと考えるべきでしょう。

　Xがこの点を十分に理解していれば、Yの胆力を鍛えるために写経のように反省文を繰り返し提出させるなどという非効率的なことはしなかったと思われます。もちろん、Xの熱血指導によりYが奮起して目覚ましい改善をしてくれる可能性はゼロではないでしょうし、もしそうなればより良い結果が得られたのかもしれません。しかし、このように万事うまく行くかどうかは非常に不透明であり、Xによるリスクマネジメントの観点からすると一か八か過ぎるきらいがあります。本件で、Xがあえてそのような危ない橋を渡る強い理由はないはずであり、適切なリスクマネジメントができていれば、Yに対して反省文を提出させるまでで留まることができたのではないかと思います。

（6）後輩を職場から排斥するような行動を繰り返した

事　例

　Xは、人事総務グループに所属して勤続10年のベテラン社員であった。今年から同グループには新卒入社のYが配属され、Xが指導係を担当することとなった。Yは、新卒として一生懸命働いていたが、Xからすれば至らない点や気遣いができない点が多く、Xとしては都度、懇切丁寧に指導・教育をしていたが、Yの勤務状況がなかなか改善されないことに不満・不安を抱くことが多か

った。Xはそのような状況が相当期間続いたことから、次第にYに対して嫌悪の念を抱くようになり、人事総務内でランチに行ったり飲み会をする際にYに声をかけなくなっていった。Xの態度はその後もエスカレートしていき、職場でYだけに挨拶をしなかったりYから話しかけられても無視する、Yの業務メールになかなか返信しない、Yの仕事に必要な情報や物品をスケジュールギリギリまで共有しないなどの行為を繰り返していた。このようなことが相当期間続いた結果、Yは、Xと一緒に仕事をしづらいとして会社に配置換えを希望した。

評 価

★

　本事例では、XのYに対する一連の行動が違法なパワーハラスメントに当たるかが問題となりますが、Xの行為は大きく分けて、①Yをランチや飲み会に誘わない行為、②Yを無視する行為、③Yに仕事上の情報・物品等を共有しない行為に分けられます。そこで、このような①～③の行為の違法性について順に検討していきましょう。

　まず①について、確かにXの言動はYに対する嫌悪感に端を発しており、このような感情的行為は業務上不適正であるという評価を受けやすいことは事実です。しかしながら、XがYを排除していたのは、職場でのランチや飲み会といった半分プライベートな事柄です。このようなプライベートな事柄は誰をどのように誘うのかは基本的に個人の自由であって、職場・職務との関連性は基本的に乏しいと思われます。そうすると、当該行為はそもそも職場での優劣関係を背景とした行為といえるのかが疑問であり、ただちにパワーハラスメントであると評価するのは早計のように思われます。XによるYに対する排斥行為があくまで職場での個人的な人間関係に基づいて設けられるランチや飲み会の参加に関するものに留まる場合は、違法なパワーハラスメントとは評価されにくいと考えます。もっとも、このような排斥行為が個人的範囲に留まらず、部門のほとんどが参加する懇親会や行事などの公的な範囲にまで及んでおり、かつ、Xが職場での何らかの権限や地位を利用してこれら会合からYを排斥したような場合は、職場からの排除行為として違法なパワーハ

ラスメントと評価される可能性があることは留意するべきでしょう。

　次に②について、前記①の検討を踏まえ、Xが職場で誰と話そうがXの自由であるからこれもセーフではないかと思う方がいるかもしれません。しかし、職場は複数の社員が不可避的に接点を持つ場であり、そこでは一定のコミュニケーションが不可避的に発生するものです（例えば、挨拶などは職場での基本的なコミュニケーションの１つと考えられています）。そのようなコミュニケーションを一方的に断絶する行為は、プライベートな事柄なので問題ないと軽々と断じることはできません。ましてや、Yは自身の先輩かつ指導係であるXとコミュニケーションを取るべき機会は比較的多いはずであり、そのようなXY間でXがYとのコミュニケーションを断絶する行為は職務に関連するコミュニケーションを拒否する行為と評価する余地が多分にあります。また、両者のこのような関係に鑑みれば、XのYに対する姿勢は職場での優劣関係を背景とするものと評価しやすいともいえます。そしてXがYを無視する行為について業務上の必要性を認める余地は基本的に乏しいでしょうし、Xが挨拶などの基本的コミュニケーションをあえてYとだけしていないことは明らかに非常識です。また、XがYからの仕事上のメールを無視して返信しないことは、Yの業務に対する妨害となるまたは妨害となる可能性が高い行為としてやはり非常識です。したがって、Xのこれらの行為は、いずれも態様としても明らかに不相当でしょう。そうすると、Xがこのような無視を一時的にではなく、相当期間にわたって繰り返したことは、業務上適正な範囲を超えていると評価するべきものと思われます。

　さらに③についてですが、ここまでいくと明らかにアウトであることはわかりやすいと思います。XとYは業務を進めるうえで相互に協調・協力するべきは当然であり、Xは仕事を進める上で必要な情報や物品を適宜のタイミングでYに共有・提供するべきも当然です。特にYは指導係であるXを通じて必要な情報等を入手することも多いことは容易に想像できますので、Xとしてはよりより適宜・適切なタイミングで必要な情報共有等をするべきでしょう。にもかかわらず、Xはあえてこれをスケジュールギリギリのタイミングで共有・提供することを繰り返しており、そこには業務上の必要性も態様の相当性も認める余地はありません。そのため、Xの

Yに対する当該行為も業務上適正な範囲を超えるものと評すべきと考えます。

　このように、Xの一連の行為は、①はただちにアウトとはなりませんが、②③は
アウトな行為であるというべきです。Yは、Xによる②③の行為によって相応の精
神的苦痛を受けたことは容易に想像できます。特に、②③に至る前に①のようなプ
ライベートでの排除行為があったことも踏まえれば、Yの精神的苦痛は強度という
べきでしょう。また、YがXとのコミュニケーションが取りづらかったり、Xから必
要な情報等がなかなかおりてこなかったりで仕事を進めづらいと考えたことも当然
のことです。したがって、XのYに対する②③の行為は、違法なパワーハラスメン
トと評価されるべきものであると考えます。

予防策

　本件のXの失敗は、Yに対する嫌悪感から、Yを排除する行為をプライベート
な範囲を超えてエスカレートさせてしまったことでしょう。

　この点、職場内での人間関係に感情的なものを過剰に持ち込むべきでないこ
とはこれまでも述べた通りであり、XがYに対する嫌悪感を抑制できなかった
ことは、それ自体不適切な失敗行為であるという評価はあり得ます。もっとも
Xも人間である以上、職場での付き合いに自分の感情を完全に押し殺すことが
難しい場合もあるでしょう。本件のようにXがYに対して一生懸命教えても改
善してくれないという思いにかられ、Yにネガティブな感情を抱いてしまった
としても、それ自体ただちに責められるものではありません。また、XがYに
対するネガティブな感情から、プライベートでは極力Yと関わらないようにす
ることも、Yとの無用の軋轢を回避する方法としては十分あり得る行為であ
り、特に理不尽とまでは思われません。そのため、Xが①の対応に留まってい
れば、道義的・倫理的な当否は別として、Yとの関係で違法なパワーハラスメ
ントの責任を問われる可能性は低かったと思われます。

　しかし、Xは、Yとの関わりの断絶行為を、このようなプライベートな範囲
を超えて行ってしまいました。前述したように職場は組織であり、複数名が仕

事のために不可避的に顔を合わせる場であり、プライベートな場とは明確に区別されます。Xがこのような公的・社会的な場にYへの負の感情を持ち込み、これを露見させる行為に及ぶことは、常識的観点から許容されない場合が多いことは、冷静に考えれば容易に理解できます。無論、このような感情的な言動が一時的なものに留まるのであれば問題はそれほど大きくならないかもしれません。しかしXのように一時的なものに留まらず、慢性的に感情的な振舞いを継続することは、通常、常識に叶うものではありません。

　本件のXのように、職場内で特定の人間に対してネガティブな感情をいだいてしまうことは人間である以上やむを得ない部分もあります。しかしそのような感情はあくまでプライベートな領域で消化するべきであり、職場という公的な場面ではそのような感情は一旦忘れて、仕事に徹する姿勢が大切でしょう。

（7）部下がPCや電話やコピー機を使うことを禁止した

事　例

　Xは総務部門の統括をしていたところ、同部門には具体的に担当させる業務のない社員が配属される部署が存在した。同部署には具体的に決まった業務がなく、ごくたまに会社の雑用的な事務処理がアサインされるほかは、基本的に定時に出社して、定時に帰社することが求められていた。そしてこの部署に所属する社員に対しては、業務用のPCや携帯電話の支給はなく、また、部署にある電話やコピー機についても上長であるXの許可がない限り使用できないこととされていた。Yは当該部署に配属されて退屈な日々を過ごしていたところ、ある時、営業部門の依頼で取引先のリスト化の仕事を担当することとなった。Yは、このリスト作成に当たりPCやコピー機の使用をXに申請したがXはこれを許可しなかった。また、Yは営業部門との連携に必要であるとして電話の使用も申請したが、やはりXはこれを許可しなかった。そのため、Yはこのリスト作成に当たって、営業部門の担当者と逐一顔を合わせて打合せをすることを

余儀なくされ、また、リストも手書きで作成することを余儀なくされた。Yは手書きで作成したリストをXに提出したところ、XからPCを使ってこれをデータ化するよう求められ、その時点でPCを支給され、コピーの使用も許可された。

評　価

　本事例では、Xの職場でのYに対する対応、具体的にはPC、コピー機、電話等の什器設備を使用させない行為が違法なパワーハラスメントとなるかが問題となります。

　この点、現代社会において、PC、コピー機、電話等の設備什器は業務処理にはほぼ必須であり、これらを仕事で利用しないということはほぼ考えられません。特に、今回のような取引先のリスト化という仕事を進める上でこれらの基礎的な設備什器を使用できないことは通常であればまったく想定されないことといえますし、これを使用できる・できないで業務の効率性が格段に異なることは火を見るより明らかです。しかもXはYがおおむね手作業でリスト化の作業を完了した後、PC等を用いてこれをデータ化するよう指示していますので、XがYにPC等を使用させることに特段の支障もなかったことは明白です。そうすると、Xの対応は業務との関連性はともかく、業務上の必要性は皆無であり、かつ、態様としても現代社会ではおよそ通用しない不相当なものであったと言わざるを得ません。そのため、XのYに対する措置は、業務の適正ない範囲を超えるものというべきでしょう。そして、当該措置によりYは担当する仕事を極めて原始的かつ非効率的な方法で処理することを余儀なくされており、これにより相応の精神的苦痛・肉体的苦痛を被っているでしょうし、その就業環境も大いに害されているというべきでしょう。したがって、XのYに対する措置は、違法なパワーハラスメントとなると考えます（Xは最終的にYにPC利用を認めてはいますが、だからといってそれまでの違法なパワーハラスメントに係る責任が当然に免除されるものではないことは留意しましょう）。

　なお前記はXの措置をミクロ的に検討したものですが、そもそも会社がYを前記のような何もすることがない部署に異動させる行為が、そもそも違法なパワーハラスメントとならないかというマクロ的な視点での問題もあります。この点について

はYに対する配置転換の理由やこれに至る経緯等も踏まえて個別具体的に検討する必要がありますので、ここでは割愛します。ただ、このような理不尽な部署（いわゆる追い出し部屋）を創設し、ここに配転することは、それ自体が業務の適正な範囲を超える違法なパワーハラスメントであると評価されることも十分にあり得ますので、この点は注意しておきましょう。

予防策

　本事例のXについては、予防も何も最初からYに対してPC等の設備什器を使用させれば済む話です。本事例の根本的な問題は、Xの行為がXの個人的な意思により行われていたものというより、企業全体で組織的に行われていたものということでしょう。そのため、本件はX個人の責任がどうこうというよりむしろ、企業としての責任・姿勢が問われる事例であろうと思われます。そのため、本件はXがどうこうというより、企業としてどう対応するべきであったのかということが議論の対象となります。

　この点、日本では労働者の地位は厚く保護される傾向にあり、企業は労働者を恣意的に解雇するということはできず、労働者との雇用関係を打ち切るためにはそれなりのステップを踏む必要があります。このような労働環境を踏まえ、昨今、一部企業で労働者をあからさまな閑職（いわゆる「追い出し部屋」と呼ばれるポジション）に追いやり、嫌気が差した労働者が自主的に退職してもらうのを待つという、なんとも姑息なやり方があるようです（本事例もこのような事例を参考にして組み立てています）。

　確かに、企業は労働者に対する人事権としてそのポジションを変更する広い裁量がありますので、前記のような閑職への配転も一見すると適法のようにみえます。しかし、企業の有する裁量も絶対無制限というものではなく、目的・動機の当否や業務上の必要性といった観点から一定の制約を受けます。そして一社員を退職に追い込むというための配転行為は、その目的・動機の正当性が否定されたり、業務上の必要性が否定されたりという理由から、この裁量を逸

脱する違法な行為として許容されないのが通常です。

　本事例のようにXが自身の対応のよりどころとする企業側の姿勢そのものに誤りがあることもあります。このような場合にXが自身の責任を回避しようと思うのであれば、まずはXにおいて企業側の姿勢に疑問を投げかけることも大切かもしれません。

（8）部下に無理な期限を指定して、守れない場合に叱責することを繰り返した

　Xは経理部門の責任者に新たに就任し、同部門内の業務を所属する社員に割り振ってアサインする立場となった。同部門に所属していたYは、比較的丁寧に仕事をするスタイルで、業務でのミスはないものの他の社員に比べて仕事の処理速度が若干遅い側面があった。そのため、Yは自分の仕事が溜まりがちであり、所定労働時間を超えて勤務することが多く、Xの就任前は月の残業時間は平均して40時間前後となっていた。Xは管理者としてYの残業時間を把握していたものの、Yの残業が多いのはYの仕事の進め方が非効率的なせいであり、Y自身の責任であると考えた。そのため、Xは、経理部門の責任者に就任して以降、Yの勤務時間について特段配慮することはなく、Yの勤務状況を深く考えることなく、Yを含む社員に仕事をアサインしていた。結果、Xの就任以降、Yの残業時間は徐々に長時間化していき、従前は40時間前後であったものが、月60〜80時間前後となり、月100時間を超えることもあった。Yは長時間労働が恒常化しており負担が重いので配慮して欲しい旨をXに何度か伝えたが、Xは「効率的に仕事をすれば問題ないはずである。みんな同じくらいの仕事をこなしている」と聞く耳を持たなかった。やがてYは仕事が回らなくなり、Xから指示された業務を期限内に処理できないことが度々あった。XはYが期限を守らなかった場合、都度、期限を守らないことを厳しく叱責し、期限を遵守

しない場合は普通解雇や懲戒処分などを検討することになるから、必ず期限を守るようにと忠告することがしばしばあった。このようなXの対応が相当期間継続した結果、Yは相当に疲弊して心身の不調を訴えるようになり、結局、会社を休職してしまった。

評価
★

　本事例のXの対応については、①XがYの勤務時間を考慮することなく仕事をアサインし続けたこと、②Yの労働時間が増大したことについて何らの措置も講じなかったこと、③Yが膨大な仕事に追われて期限を遵守できないことを厳しく叱責したことなどが、違法なパワーハラスメントとなるかどうかが問題となります。

　まず、①について、上長が部下に仕事をアサインすることは職場では当然の事柄であるため、基本的に業務の適正な範囲を超えることはありません。確かにXが責任者に就任した時点でYは相当程度の残業をしている状況であり、Yに対する仕事のアサインはYの勤務時間を過重なものとする可能性はあります。そのため、Yに対するアサインは控えるべきであったという意見は、道義的には正しいでしょう。しかしながら、職場は仕事をするところであり、XがYに仕事をアサインする行為は業務遂行上不可欠です。そのため、Yが通常よりも多忙であるからといって、ただちにXがYに仕事をアサインできないとする理由はなく、Yに対するアサイン行為そのものをただちに違法なパワーハラスメントと評価することは難しいでしょう。しかしながら、これはYの残業の状況が月40時間程度と過酷とまではいえないことを前提としています。以下の検討のように、Yの勤務時間が増大し、置かれた状況が過酷なものとなっていけば、XがYの勤務時間を考慮せずに仕事をアサインする行為について、Yに対する安全配慮義務にもとる行為であって、業務の適正な範囲を超えるものと評価すべきとの考え方も当然出てきます。このことは十分留意しましょう。

　次に、②について、企業は労働者に対する安全配慮義務の一環として、労働者の勤務時間が過酷なものとならないよう配慮する義務があります。XはYの上長とし

て企業側の安全配慮義務を体現する立場にありましたので、Yの勤務状況が過酷となっていれば、Yの負担を軽減するよう具体的な措置を講じる必要があります。そのため、XがYの残業時間が月40→50→60…と徐々に増大していることを認識していた、または容易に認識できたのに何らの措置も講じなかったことは、安全配慮義務に違反する行為であり業務の適正な範囲を超えるという評価はあり得ます。それではYがどの程度残業していれば、どのような措置を講じるべきであったのかですが、この点はケースバイケースというほかなく一律にはいえません。ただ一般的には残業時間が月45時間を超えると何らかの健康を害するリスクが増えると考えられており、月60時間を超えると労働者の負担はかなり重いと考えられ、月80時間を超えると危険水域にあると考えられています。そのため、XとしてはYの残業時間が月45時間を超えた辺りからYの勤務状況を注視するべきでありましたし、月60時間を超えた辺りからこれが危険水域に至らないようアサインの内容・方法について具体的な配慮を開始してしかるべきでした。月80時間を超えても何もしなかったのは安全配慮義務の観点から問題があったということになりそうです。しかも、Yは月60～80時間の残業に従事するようになった辺りで勤務状況が過酷であるとXに配慮を求めています。それにもかかわらず、XがYの残業をYの自己責任と断じて、その業務を軽減するための具体的措置を何も講じなかったことは、Yに対する安全配慮義務に違反する行為であって、業務の適正な範囲を逸脱していると評価されてもやむを得ないと考えます。このような検討を踏まえますと、Xによる②の行為は違法なパワーハラスメントであると評価される可能性が高いということになります。

　さらに、③について、Yの置かれた勤務状況は残業時間が月80時間という危険水域に達することがしばしばあり、場合によっては月100時間という超危険水域に到達することもあったようですので、客観的に見て過酷といって差し支え有りません。このような過酷な勤務状況の下では、Yが手持ちの仕事を円滑に回すことができず、期限を徒過してしまうこともやむを得ない側面があります。にもかかわらず、XはYの勤務状況を一顧だにせず一方的に期限を指定し、Yがこれを守れないと厳しく叱責するだけでなく、解雇や懲戒処分などを示唆するなどして必要以上にYの雇用不安を煽っています。Xのこのような対応は、Yの置かれた状況が平常なものであ

ればただちにおかしな言動ということにはならず、違法性が肯定される場合はかなり限定的でしょう。しかしながら、Yが置かれた実際の勤務状況を踏まえると、Xの言動は過酷な勤務でただでさえ疲弊しているYをさらに疲弊させ、同人を肉体的にも精神的にも追い詰める行為と言わざるを得ないものであり、安全配慮義務の観点から多分に問題があるというほかありません。そうすると、Xの行為は、企業側の安全配慮義務を理解せず、いたずらにYを苦しめる行為として業務の適正な範囲を超えていると評価される可能性が高く、結果、違法なパワーハラスメントと評価されるように思われます。

　このように、Xの対応はYの残業が一般的にあり得る範囲に留まっている場合には特段問題とならないかもしれませんが、Yの残業がこの範囲を逸脱し、過酷なものになっていくにつれ、違法なパワーハラスメントと評価される余地が拡大していくように思われます。このように、通常時ではパワーハラスメントとならないような行為でも、状況の変化によって違法なパワーハラスメントとなり得ることについては、十分注意したいところです。

予防策

　本事例でのXの失敗は、一言で言えば企業側の安全配慮義務について理解が不十分であったことです。

　確かにYについては他の社員に比べて若干業務効率が悪かった部分もあるのかもしれません。しかし、企業は組織であり組織には効率の良い社員もいれば、悪い社員もいます。そのため、仮にYに非効率な側面があったとしても、従業員としての能力・適正が明らかに欠如しているなどの極端なケースでない限り、それ自体がただちに強い非難の対象となるはずがありませんし、ましてや企業の負担する安全配慮義務に基づく責任を減免する理由にはなりません。実際Yが長時間の残業に従事する事実状況にあったのであれば、XはYの責任うんぬんを論ずる前に、Yに対して安全配慮義務に基づく適正・適切な措置を早急に履行するべきでした。

しかし、XはYの非効率と企業の安全配慮義務の問題を誤って関連付けてしまい、Yが過酷な勤務に陥っているのはYの自己責任であるという思考に拘泥してしまい、Yのために特段の業務軽減措置を講じることがありませんでした。もちろんXが内心的な思想・信念としてこのような自己責任論を持つこと自体は個人の自由であり、それ自体が批判・非難の対象となるものではありません。しかし、このような自己責任論が完全に許容されるのはこれがXの内心に留まる場合であり、これがXの内心に留まらずYへの押し付けとなることは、許されることではありません。本件のXとしては、自身の思想・信念はさておき、まずはYの状況を客観的に分析・評価し、自身の安全配慮義務に基づく責任を自覚して、Yに実際に生じている負担を軽減するために何ができるか、何をすべきかを真摯に検討するべきでした。

　日本では、現時点でもXのような自己責任論を信じている人間は少なくないように思います。このような思想・信念を過度に職場に持ち込むことは、無用なトラブルを惹起する可能性がありますので、この点注意しましょう。

（９）部下の業績不振を理由に賃金を一方的にカットした

　Xは営業部門のトップであり、部下である営業職の人事考課や賞与査定を行う立場にあった。同部門に所属する営業職Yは、かつては営業成績が良好で、かつ、勤続年数もそれなりに長かったことから、他の社員に比べて相対的に高い賃金が支払われていた。しかし、Yはある一定時期から体調を崩してしまい、かつてのような高い業績を維持することが困難となってしまい、近年の業績は下降気味となっていた。それでもYの業績は他の社員に比べて著しく悪いというわけでもなく、並から並を少し下回る程度の業績は維持していた。しかし、XはYの仕事ぶりはその高い待遇に沿わないと考えており、Yに対して現状の業績では不十分であること、なんとか業績を回復させる必要があることを度々

指導していた。Yは、Xからの指導を踏まえて業績回復に努めたが、体調が万全でないこともあり思うように業績は上がらなかった。Xは、業績が上がらないYに高い賃金を支払い続けることは費用対効果が悪いことや他の営業職との関係でも不公平であることから、ある時Yに賃金をカットする旨を通知した。Yは突然そのようなことを言われても困ると難色を示したが、Xは「会社の決定である」と言って聞く耳を持たず、翌月から賃金を30%カットした。

評　価　☆

　本事例では、XのYに対する賃金カットが違法なパワーハラスメントとならないかが問題となりますが、結論からいえばアウトでしょう。なぜアウトなのかを業務の適正な範囲を超えるかどうかという枠組みで検討していきます。

　まず、XのYに対する賃金カットは雇用契約に関する事柄であるため、業務との関連性は十分です。また、Yの高い賃金はYが高い業績を挙げていたころに設定されており、当然、好成績を前提とするものです。Yの業績が相当期間にわたり低迷中である状況を考慮して賃金を適正な水準に減額したいという企業側の思いは自体は合理的です。例えば、Yの業績が低迷しても相対的に高い賃金を支払い続ければ、他の営業職に不公平感が生まれ、士気の低迷を招く可能性もあります。そうすると、企業側（X）がYの賃金を下げることについては業務上の必要性は一定程度認められそうです。

　しかしながら、Yの賃金は雇用契約に基づく権利であり、契約の一方当事者である企業がこの権利を一方的に奪うことは原則として許されません。特に賃金は労働者にとって最も重要な権利であり、契約において保護される必要性が極めて高いものと考えられています。そのため、たとえ企業側に業務上の高い必要性があったとしても、それのみでただちにYの賃金を引き下げることは原則として許されません。Yの自由な意思に基づく同意がある場合や就業規則の変更による一律の対応をする場合に、例外的に賃金引下げが許容される場合もありますが、賃金という権利の重要性からこれら例外が許容される条件はいずれも厳しく、容易に認められるもので

はありません。少なくとも本件のXY間のやり取りを踏まえる限り、Yが賃金カットに同意していないことは明らかですし、Xが就業規則の変更という重厚な手続を履践したこともありませんので、Yに対する賃金カットは原則通り許容されないことになります。そうするとXのYに対する措置は、契約内容を一方的に変更しようとする行為として許容される余地がなく、態様として不相当というべきです。したがって、XのYに対する賃金カットはどれほど必要であろうと、業務上適正と認められる余地はありません。

このようなXの行為は、Yに深刻な精神的苦痛を与えるものですし、Yの就業環境も悪化させることになりますので、本件の措置は違法なパワーハラスメントと評価される可能性が高いといえます。

予防策

本事例のXの失敗は、雇用契約や賃金という基本的な事項に対する理解が不十分であったことでしょう。Yに対して高い賃金を支払い続けることは問題があるというXの感覚は、ビジネス的には正しいと言えるかもしれません。しかしながら、ビジネス上の理由・必要があっても、法律的にできることとできないことがあります。日本の人事労務実務では、労働者の賃金は基本的に不可侵と考えられており、一度決定された賃金を動かすのは容易ではありません。Xがこのような実務を少しでも理解していれば、前記のような強引な措置をとることはなかったでしょう。

本件のXが取るべきであった措置ですが、まずはYとの間で業績や賃金について十分に協議を重ね、Yが折り合うことができる妥協点を探るべきでした。またYに対する賃金減額の幅も30％という大幅な減額をいきなり行うのではなく、例えばですが減額幅を5～10％程度に抑えたり、これ以上減額する場合は毎年少しずつ落としていく（5％ずつ5年間にわたって落とす等）など激変緩和の措置を講ずるなど、Yが受諾しやすいような工夫も検討するべきでした。さらにいえば、基本給のような労働者の毎月の糧となる給与を大幅に落とすの

ではなく、賞与のように企業側にある程度裁量のある部分で調整することも積極的に検討するべきでした（社内規程の立付けにもよりますが、賞与は賃金ほど手厚い保護を受けないのが通常です）。

　企業が社員の賃金を減額するのは、一般の方々が思うよりもはるかに難しいです。もし、企業側で賃金減額の術をある程度確保しておきたいのであれば、社内ルールの定めからから見直す必要があるかもしれません。

（10）部下に業績貢献の一環として会社の製品・サービスを購入させた

　Xはコンビニチェーンのオーナーとしてコンビニエンスストアを経営していた。このコンビニチェーンはフランチャイズ本部から定期的にキャンペーンへの協賛を求められ、キャンペーン期間中に対象商品を一定数販売するノルマを課されて、ノルマが未達の場合にはフランチャイズ契約に基づいて一定のペナルティを受けることとなっていた。Xは、このキャンペーン期間中は対象商品の販売に注力することをアルバイト従業員らに強く命じていた。Xは、例年なんとかノルマを達成していたが、ある時期から未達でペナルティを受けることが多くなった。Xは、これ以上ペナルティを受けると業績に影響すると考え、ある時期からアルバイト従業員に対してキャンペーン商品の販売数がノルマに未達となりそうな場合は、X自身やアルバイト従業員が協力して対象商品を買い取ることで乗り切ることを提案するようになった。アルバイト従業員のなかには協力的な者もいたが、当然抵抗を示す者もいたが、Xは「苦しいときはみんなで乗り切るべき」という精神論を説いて、アルバイト従業員に等しく協力を求めていた。また、Xは、新規でアルバイトを採用するに当たり、Xの店舗では前記のような協力を求めることがあるので対応できるかを確認し、対応できると回答した者を優先的に採用していた。Xは、非協力的なアルバイト従業員がいる場合、アルバイト従業員たちにそのことを伝えて周囲からも説得させ

たり、協力しないことは周囲の和を乱す行為であると厳しく叱責するなどしていた。アルバイト従業員のなかにはこのような協力を強いられることを苦痛として退職する者もいたが、Xは協力的なアルバイト従業員もいるし、採用時にきちんと同意を取っているとしてこのような対応を続けていた。そうしたところ、アルバイト従業員のYからフランチャイズ本部に対し、Xからキャンペーン商品の購入を強制されていて苦痛であるとの苦情が寄せられてしまった。

評　価
★

　本件では、Xがアルバイト従業員に対して販売商品の自費での購入を求める行為が違法なパワーハラスメントとなるかどうか、すなわちこのようなXの行為がYを含む他のアルバイト従業員との関係で業務の適正な範囲を超えるものかどうかが問題となります。

　まず、XのYらに対する要求は、Xのコンビニが事業の一環として行うキャンペーンに関する要求であるため業務に関連する事柄です。また、Xの要求は、Xのコンビニがフランチャイズ本部に対して負担するノルマを達成することを目的としており、ノルマ未達の場合には店舗経営に悪影響が生じる可能性があったことからすれば、業務上の必要性もないとはいえないのかもしれません。

　しかしながら、Xがアルバイト従業員に対してキャンペーン商品を自費で購入させることは、アルバイト従業員に自由意思での協力を求めるものであればともかく、これが強制にあたるような場合には許容がありません。というのも、アルバイト従業員が就労先店舗から自腹で対象商品を買い取ることは、客観的には店舗から支払われる給与の一部を還流させていると見る余地があります。そのためこれを強制的に行うことは、法律上・契約上の根拠なくアルバイト従業員の賃金を一方的に減額するものに等しいからです。

　そこでXの行為がYらアルバイト従業員の任意協力を求めるものか、事実上の強制なのかが問題となります。確かにXは、表面上はアルバイト従業員に任意協力を求める形を取っています。しかし、Xは協力しないアルバイト従業員に対して吊る

し上げのような対応をしていますし、また、非協力的なアルバイト従業員を理不尽に叱責するなどもしています。また、Xは採用に当たり、採用される側という比較的弱い立場にあるアルバイト従業員に協力を約束させるなどもしています。このような実態を考慮すると、Xの行為は表面上はアルバイト従業員の任意協力を求める形をとってはいるものの、実態は協力を事実上強制するものであると評価されてしかるべきでしょう。そのためXの行為は態様として不相当・悪質であり、業務の適正な範囲を大きく逸脱しているというべきです。

　このようなXの不適正な要求により一部のアルバイト従業員は働きづらさを感じて退職していますし、Yはフランチャイズ本部に苦情を入れるなどしています。そうすると、Xの要求行為は労働者の就業環境を害するものと評価されるべきでしょう。したがって、Xのアルバイトらに対する要求は、違法なパワーハラスメントであると考えます。

　なお法的な当否はともかく、常識的に見てもXの行為は是認されないと思われます。すなわち、Xの店舗がフランチャイズ本部に対して負う責任は、この店舗経営について責任を負っているXにおいて果たされるべきであり、店舗経営について直接の責任を負わず、また、店舗利益も直接は帰属しないアルバイト従業員にこの責任を転嫁することは不合理と言わざるを得ないでしょう。アルバイト等の労働者はあくまで労働力であり、事業の運営について間接的な責任はあっても直接の責任を負うべき立場にはないのです。このような常識的観点からしても、Xのアルバイト従業員らに対する要求は違法なパワーハラスメントと評価されてもやむを得ないと思われます。

予防策
!

　本件のXの失敗はそもそも常識がないということかもしれませんが、強いて言えば経営者の立場と労働者の立場を混同したことにあるかもしれません。Xからすれば、フランチャイズ本部に対するノルマが未達であれば店舗経営が危うくなり、結果的にアルバイト従業員も困るから協力を求めることは許される

と考えたのかもしれません。しかし、店舗運営について責任を負うのは、あくまで店舗の経営者です。労働者は、店舗での業務については労務提供者として責任を負いますが、店舗の経営そのものについては責任を負うことはありません。Xは労働者の責任範囲を誤解してしまったようです。

　では、Xがどのような対応をすれば許容されたのでしょうか。1つはアルバイト従業員に対して完全に任意での協力を求める範囲に留まっていれば、Xの行為は違法なパワーハラスメントとまでは評価されなかったと思われます。例えば、アルバイト従業員に対してキャンペーン業績の状態やノルマ未達のリスクを明確に説明しつつ、アルバイト従業員には協力する義務がまったくないこと、協力しないことで何らか不利益を受けることは一切ないこと、購入量・購入額は自由に決めて良く自分で必要と考える分だけ購入すれば足りること等を十分に説明して協力者を募るというやり方を採っていれば、Xの行為が法律的に問題となることはなかったと思われます。もう1つは、アルバイト従業員に物品の購入を求めるとしても、その最終的な費用はXが負担するという方法が考えられます。このような方法であればアルバイト従業員には一切経済的負担がないので、やはり問題視されることは特になかったといえそうです。

　本件のような従業員に自社製品を半ば強制的に購入させる手法は「自爆営業」と呼ばれることもあり、アパレルやコンビニなどの業界でわりと行われているという話を耳にすることがあります。しかし業界内で当然のように行われているからと言って、法律的・社会的に許容されるというわけではないことは十分留意しましょう。

（11）部下による退職意思をことさら無視・拒否して就労を強制した

事例

　Xは会社経営者であるが、この会社は社員が10名弱の小規模な会社であり、人員は常にギリギリの状態であった。そのため、社員はそれなりに残業をすることが多く、1人あたり平均して月40〜50時間程度の残業を行うような状況であった。入社3年目のYは、会社が常にギリギリの人員で動いており精神的に休まる暇がないことに嫌気が差し、あるときXに翌月には退職したい旨を伝えた。XはYが退職すると、Yの担当業務を他の社員に割り振ることになるところ、みんなギリギリの状態なので割り振りは困難であると考えた。Xはこのときはその旨率直に伝えて、もう3ヶ月だけ退職を待って欲しい旨Yを遺留し、Yも渋々翌月の退職を撤回して3ヶ月だけのつもりで就労を継続した。Yが就労を継続してから2ヶ月経過時点で、YはXに来月こそ辞めることを伝えたところ、Xは「今辞められると会社が回らず、大損害となる。社員の給与も支払えなくなる。この場合の損害をYに請求することになるが、それでも良いのか」と半ばYを脅すような発言をした。Yは、Xが高額の損害賠償請求をすると話したので怖くなり退職を躊ちょせざるを得なくなった。その後、XはYを辞めにくくするため、Yに会社の重要な仕事ばかりをアサインしつつ、「Yが辞めた場合重要な仕事が回らなくなり、大損害となる。その責任は取ってもらう」という発言をしばしば行った。結果、Yは退職したくても退職できない心理状態に追い込まれ、就労の継続を強いられた。

評価
★

　本事例では、XがYを遺留する行為や半ば脅すように退職を拒否する行為が違法なパワーハラスメントとなるかが問題となります。まず、Xの行為はいずれも業務に関連する事柄ですし、会社が人員不足であることからすればXにおいてYを遺留

する業務上の必要も一応は認められるように思われます。そのため本事例でもXの行為については業務上適正か否かの判断は態様として相当かどうかにより決せられるといえます。

　まず、Xが最初にYを遺留した行為ですが、XはYに対して遺留すべき理由（人員がギリギリであり仕事の割振りが困難であること）をきちんと説明し、３ヶ月という常識的な期間を提示したうえで、就労を継続して欲しいとの希望を伝え、Yはあくまで任意でこの要望に応じていることが認められます。そうするとXによる遺留は、あくまでYに退職の自由があることを前提として、Yに任意での退職の延期を求めるものに過ぎず、極めて常識的な態様であって不相当な点はないと考えます。したがって、当該行為は業務との関連性、業務上の必要性、態様の相当性のいずれの観点からも業務上適正な行為といえるでしょう。

　他方、Xが２回目以降にYを引き止めた行為はどうでしょうか。まず、２回目以降の引き止め行為は、当初の３ヶ月間という約束を一方的に反故にする行為であり、Yにとっては不意打ちと言わざるを得ません。また、Xの説明は、Yが退職した場合にYが多額の経済的負担を負うことがあたかも当然であるかのような一方的なものであり、Yの自由な意思決定を阻害するに足りるものと評価されてもやむを得ないでしょう。しかもXは、これ以降、Yに退職意思があることを知りながらあえて重要な仕事をYに割り振りつつ、事あるごとに脅迫的言辞を繰り返して退職を躊ちょさせるなど、Yにことさら心理的プレッシャーを与えて退職困難な状況を意図的に作り出しています。Xによるかかる一連の対応は、Yによる自由な意思決定を著しく阻害する行為として極めて悪質というほかありません。そうすると、２回目以降にXがYを引き止める一連の行為は、Yの自由意思を排除して就労を事実上強制するものと評価すべきでしょう。このような行為について態様の相当性を認める余地はなく、Xの行為は業務上適正な範囲を逸脱していると考えます。このように他者に就労を強制する行為は奴隷労働を禁止する憲法規範に抵触するおそれすらあり、相手の基本的人権を無視するものです。このようなことを強いられたYは相応の精神的苦痛を受けてしかるべきでしょう。

　したがって、XのYに対する遺留は、１回目は業務上適正な行為として違法なパ

ワーハラスメントとはなりませんが、2回目以降の行為は業務上適正な範囲を超えてYにことさら精神的苦痛を与える違法かつ悪質なパワーハラスメントと評価するべきでしょう。

予防策

　本事例におけるXの反省するべき点は、人員不足に対する危機感からYを無理やり引き止めたことに尽きるでしょう。日本では、「職業選択の自由」の一部として退職の自由は基本的人権の1つと考えられています。ゆえに労働者による退職は基本的に手厚く保護されており、期間の定めのない雇用契約（いわゆる正社員契約）の場合は、労働者側は2週間前の通知により当然に退職できるのが法律の定めです（有期雇用の場合にはもう少し厳しい規律がありますが、労働者側が退職したいと言えば基本的に退職させているのが実務でしょう）。このような法律・実務の下で、労働者が退職の意思を明確に表明した場合、企業側がこれを阻止する術は現実的にはありません。

　もちろん、労働者側が退職するタイミングによっては業務に何らかの支障が生じる可能性は否定できません。しかし、労働者側に退職の自由がおおむね確保されている以上、そのようなリスクは企業運営に内在するリスクと言うべきであり、そのリスクが顕在化したからといって、労働者側に当然にこの責任を負担させる（要するに企業側に生じたコストの賠償を求める）ことも、現実的には困難です。

　Xがこのような法律・実務の基本をきちんと押さえていれば、Yとの関係では任意での退職延期を求める1回目の慰留で踏みとどまったはずであり、これを超えてYを事実上仕事に縛り付けるような行為に及ぶことはなかったのではないでしょうか。本件のように人員不足のなかで退職を希望する者が生じた場合、まずはよく話し合って退職時期について調整ができないか模索することから始めるべきですし、それを超えて無理矢理就労を求めるような行為は厳に控えるべきでしょう。

（12）部下にプライベートな用事を手伝わせることを繰り返した

　Xは社員５名程度のWEB制作会社を経営しており、社員にはそれなりに高い水準の賃金を支払っていた。Xの会社経営はワンマンであり、Xは業務のすべてを把握して、各社員に細かく指示することで、仕事を回していた。社員の間にはXの命令には絶対服従の雰囲気があり、Xの指示に背くことは許されないことが職場での暗黙のルールとなっていた。Yは、Xの会社に入社して１年目の新人であり、Xから特に目をかけて指導を受けており、他の社員からも「社長の指示には絶対に背かないように」と念押しがされていた。YはXの指示を忠実に守り、Xに反抗・反論することはほとんどなかった。Xは従順なYを気に入り、Yをプライベートな食事や飲みに連れていくことが増えていき、職場だけでなく職場外でもYと一緒にいることが増えていった。XはYが誘っても嫌な顔１つせずに付き従うのでますますYを気に入り、何か用事があるとすぐにYを呼び出すようになった。そして、最終的にはXは、Yを休日に呼び出して車を運転をさせたり、犬の散歩をさせたり、買い出しを頼んだりとプライベートな事柄も依頼することが増え、Yは、連絡があればすぐに対応するということが幾度となく繰り返された。結局、YはXからの呼び出しに疲弊してしまい、会社を辞めてしまった。

評　価

　本事例では、XがYをプライベートな食事や飲みに連れていく行為、XがYを呼び出してプライベートな用事を手伝わせる行為が、違法なパワーハラスメントとならないかが問題となります。

　まず、XがYを食事や飲みに連れて行く行為ですが、上司と部下がコミュニケーションの一環で食事や飲みに行くということは社会ではよくあることです。そのよ

うな行為について頻度や態様が常識的範囲に留まっているのであれば、業務との関連性、業務上の必要性、態様の相当性のいずれも否定はされないはずであり、業務の適正な範囲を超えることは無いと思われます。他方、このような行為でも度が過ぎれば、業務の適正な範囲を超えてくる可能性は当然あります。例えば、部下の予定を無視して毎日深夜まで飲みに連れ回したり、部下が嫌がっているのに無理やり付き合わせることを繰り返せば、業務との関連性、業務上の必要性、態様の相当性がいずれも否定され、業務の適正な範囲を超えると評価される可能性は多分にあることは留意しましょう。

　次に、XがYを休日に呼び出して家事などのプライベートな作業を手伝わせた行為はどうでしょうか。まず、家事等は仕事後と一切関係がないので業務との関連性はありません。また、業務と関連しない以上、業務上の必要性もありません。そして、休日でプライベートな時間・空間にいるYを呼び出して自分の私用を手伝わせるという行為は、Yとの雇用関係からはまったく説明ができない行為ですし、労働者の休日の時間を潰して自分のために奉仕させる行為が非常識であることも明らかです。ゆえに、このような行為は態様としても不相当であると評価される余地が多分にあるでしょう。そうすると、Xの当該行為は業務上適正範囲を超えるものと評価される可能性がそれなりに高いと思われます。

　なお、本事例ではYはXからの要求に忠実に従っており、これに抵抗したり、拒否する意思をまったく表明していません。このようにY自身も進んでXの要求に応えているような場合も違法なパワーハラスメントとなり得るのか疑問を持たれる方もいるかもしれません。確かに、本事例でYがXの誘いに自由な意思で同意しているような場合には、ハラスメントの問題は生じません（私生活上の付き合いもYが積極的にこれに応じていれば、それは個人の自由の範ちゅうにとどまります）。しかし、本件のようにXが職場で絶対的な権力を持っており、Yへの優越性が著しい場合には、YがXからの指示・要求に対して抵抗・拒否の意思を表明することが事実上困難なことも十分考えられます。この場合はYの応諾が真に自由意思によるものかどうか、慎重な判断が必要です。したがって、Yが明確な抵抗・拒否の意思を表明していないからといって、Yが任意に従っていると軽々と認定するべきではな

いでしょう。少なくとも本件のような隷属的な立場に置かれていることについてY
が真摯に同意していたと考えるのは、基本的に無理があると思われます。

予防策

　本事例のXの失敗は、Yが従順であることで調子に乗ってしまい、XとYのあ
るべき関係を正しく認識できなかったことにあります。すなわち、XとYの関
係は、主人と召使いのような奉公関係でもなければ、師匠と弟子のような師弟
関係でもありません。両者の関係は、あくまで雇用関係という契約関係に過ぎ
ません。Xは契約で許容される範囲に限りYに対する指示命令ができ、Yもまた
契約で許容される範囲に限りXの指示に従う義務が生じるに過ぎません。

　本件でXがYに要求していた事柄の多くはプライベートな用事であり、仕事
とはほとんど関係のないものです。そうするとXがどれだけ職場でYに優越す
る立場にあったとしても、Yに対してあれやこれやと指示・命令をする法的根
拠は一切ありません。XがYとの関係性について正しく理解していれば、自身
のプライベートな用事をYに対して指示する立場にないこと、Yもこれに従う
立場にないことが容易に認識できたのではないでしょうか。小規模零細の企業
では、オーナー社長が絶対的権力を持っていることは少なくありませんし、社
員と公私共に付き合いがあることも珍しくありません。このような職場のなか
にいるとXのように雇用上の権限を人間的な権限であると誤解してしまう方が
いるようです。このような誤解は、本事例のようなトラブルの素となりますの
で、気をつけたいところですね。

② パワーハラスメントと評価を受ける可能性が低い事例
（1）部下が同じミスを繰り返したため顛末書を提出させた

事例

　Xは経理部門の責任者であり、同部門に所属する社員に対しては、常々、経理関係の書類には誤りがあってはならず、提出前に再度チェックするよう指導していた。そんななか、同部門に中途で採用されたYは提出する書類に数字上のミスが多く、提出書類をXが確認してミスを指摘するということが度々繰り返されていた。Xは、Yに対して、他の社員に比べてミスが多いのでもっと慎重に業務を処理するよう何度か口頭で指導し、Yは都度反省の態度を示すもののミスがなくなることがなかった。ある時、Yが重要な会計書類の処理に複数ミスをしたため、XはYに対して当該ミスについての経過と反省点と再発防止策を顛末書に整理して提出するよう求めた。YはXの指示に従い顛末書を提出したが、Xとしてはミスに対する分析や再発防止の記載が不十分と考え再提出を命じた。YはXの指示に従いXに顛末書を再提出したが、XはYが従前多くのミスをしてきたことを踏まえ、従前からミスを繰り返してきたことについての自覚と反省についても記載するよう指示し、顛末書を差し戻した。ところが、Yは、Xから顛末書の再提出を繰り返されることが苦痛であるとして人事に相談してきた。

評価
★

　本事例では、XがYに対して顛末書の提出を指示した行為や、提出された顛末書について修正・再提出を繰り返し求めた行為が、Yに対する違法なパワーハラスメントに該当するかが問題となります。

　まず、XがYに対して顛末書の提出を指示した行為それ自体は、業務との関連性は十分です。また、Yがミスの許されない部署において従前からミスを繰り返してきたことや今回の指示のきっかけとなったミスが重要書類に関するものであったこ

とを踏まえますと、XがYに対して相応に厳しい態度で臨まざるを得ないことは当然であり、業務上の必要性も十分でしょう。そして、顛末書の作成・提出はYの勤務態度や勤務状況に問題があることを書面で明確化するとともに、Yにおいて反省と改善を促す方法として一般的ですし、Xによる業務指示がYにことさら肉体的・精神的苦痛を与えるような内容であったわけでもありませんので、態様としても相当な範囲に留まるといえます。したがって、XがYに顛末書の提出を指示した行為は業務上適正であり、違法なパワーハラスメントとはなりません。

　次に、XがYから提出された顛末書について修正と再提出を繰り返し指示した点についてですが、業務との関連性は明白として、業務上の必要性・態様の相当性は認められるでしょうか。この点、XはYを監督する者としてYの勤務態度・勤務姿勢に問題があれば、これを指導・是正する立場にあります。そのためXにはYから提出された顛末書がこの指導・是正のために十分かどうかを判断する責任があり、結果、不十分と考えられれば修正・再提出を求めるべきは当然です。そのため、Xによる修正・再提出の要求は、これがもっぱらYに苦痛を与えるためであるとか明らかに理不尽なものでない限り、ただちに業務上の必要性や態様の相当性が否定されることはないでしょう。本件では、XはYに対して不十分な点をある程度特定・指摘して修正を指示しており、また、当該指摘の内容についても特段理不尽があるようにも思われません。Yからすれば何度も修正作業を求められることや途中から当初指示されなかった追記を求められたことが不満であったのかもしれませんが、前者に問題がないことは前述のとおりですし、後者についても業務にある程度の流動性がつきものであることを踏まえれば特段問題があるとは思われません。そうすると、XがYに対して顛末書の修正・再提出を指示した行為は、業務上の必要性も態様の相当性も否定される余地はなく、業務上適正な範囲を超えないと考えます。したがって、Xの当該行為も違法なパワーハラスメントにはなりません。

　このように、上長から部下に対する業務指導は、業務上の必要であり、態様として相当であれば、たとえ受け手が不快・不満を覚えたとしても違法なパワーハラスメントとなる余地は乏しいことは留意しておきましょう。

（2）定時後に予定のある部下に対して残業を命じた

事例

　Xは総務課・課長として複数名の部下に業務を割り振る立場にあった。総務課では他部署からの突発的な業務依頼により残業が必要となることが多々あり、Xはそのような場合、基本的には部下のなかから処理してくれる人間を募って対応していたが、その余裕がないときは部下を指名して業務を処理してもらっていた。ある時、Xは翌日までに対応を要する他部署からの依頼を、中途採用で配属されて間もないYに対して残業を指示したところ、「今日は業務後に予定があるので他の人に回せませんか」という回答があった。しかし、他の社員にすぐにアサインができそうな人間がいなかったので、Xはその旨Yに伝えたところ、Yは「私は今日残業をする予定はありません。別日ではダメでしょうか」と食い下がってきた。Xは翌日までに必要であるから、どうしても処理してもらわなければならないと説明し、Yに業務を指示した。Yは不承不承Xの指示に従って残業したが、XはYから提出されたものを翌日チェックする予定であったことから、同日は定刻で退社した。Yは自分が予定を潰して仕事をさせられ、Xは定時で帰社したことを理不尽と感じ、人事にXの行為はパワーハラスメントではないかと申告した。

評価
★

　本事例では、Xが残業を希望しないYに対して残業を命じつつ、自身は定刻で帰社する行為が、Yに対する違法なパワーハラスメントとなり得るかが問題となります。

　まず、本事例の下でXの業務指示について業務との関連性や業務上の必要性が認められることは問題ないでしょう。問題は、Xの残業指示が態様として相当と言えるかどうかです。

　確かに、Yは就業後に予定があるのに残業を強いられており、これを不満とする

感情は理解できないではありません。しかし、Yは企業と雇用契約関係にある労働者であり、企業側に立つXの指示・命令に従って業務を遂行する契約上の義務があります。Yは正当な理由なくこの義務に違反することは許されないところ、Yにおいて私的な用事があることはただちに正当な理由とはなりません。Yとしては仕事よりも私事を優先させたいと考えていたのかもしれませんが、雇用契約を念頭に置いた場合、Yは私事よりも仕事を優先させなければならないのが原則ということになります。そのため、XがYの要望を踏まえてもYに業務を指示することは、原則として契約上許容される行為であり、ただちに態様として不相当となるものではありません。もちろん、Yの私事の緊急性が高い場合（例えば肉親や配偶者の急死・急病等）は例外的に仕事を拒否する正当な理由となることはありますが、それほど必要性の高くない私事（友人との飲み会、交際相手とのデート等）については、仕事を拒否する正当な理由とならない場合が多いでしょう。

　次に、Yとしては自分に仕事を押し付けてXが定時に帰社したことも気に食わない理由の１つかもしれません。しかし、Yが残業を処理することとXが定時に帰社することは直接関係しません（Yが残業をしている間、Xが居残りをしなければならない理由はありません）。また、残業を誰にどのようにアサインするかは企業側として権限を持つXが一次的に判断・決定する事項であり、Xにおいて手が空いている自分ではなく、部下であるYに業務処理させるべきと判断・決定したことも、雇用契約上許容されないと即断はできません。そうすると、Yとして気に食わないところがあるかもしれませんが、Xの行為はやはり態様として不相当とは言い難いでしょう。

　以上の通り、XのYに対する残業指示は、いずれの観点からも業務上適正な範囲を超えてはおらず、違法なパワーハラスメントには該当しないと考えます。

　ただ念のため付言しておきますが、もちろんこのような残業指示が、どのような場合でも絶対にパワーハラスメントとならないかというとそんなことはありません。

　例えば、Xが他に手が空いている人がいるのにYに仕事を押し付けることを執拗に繰り返していたり、Yの予定を一顧だにせず重たい残業を指示することを繰り返したり、特に緊急性がない事案を私的な予定をキャンセルさせて処理させることを

繰り返したりすれば、業務上の必要性や態様の相当性が否定されて、業務の適正な範囲を超えると評価される可能性は十分あります。この辺りは程度の問題でもありますので、常識的な見地からの判断が必要でしょう。

（3）部下が周囲の社員と軋れきを生むため別部門に異動させた

　Xは営業部門の責任者として営業職を統括する立場にあった。営業部門のYは、業績は優秀であったが、普段から粗暴な言動や自分勝手な言動が多く、他の営業職やサポートスタッフといざこざを起こすこともしばしばであった。XはYの勤務態度に問題があると考えてはいたものの、同人の営業成績が良好であったことから口頭注意に留め、書面警告等の強めの対応はしてこなかった。そのため、Yは増長し、その言動はますます身勝手なものとなっていき、周囲からのクレームも増えていき、とうとう取引先からも「担当者のコミュニケーションが不快である」とのクレームがされるに至った。Xは、Yの勤務態度が無視できない水準に至っていると判断し、人事部門と相談してYを営業職から人事付の社員に配転して、しかるべくトレーニングを積ませて勤務態度を改善させることとした。Xが当該決定に基づいてYに営業職から人事への異動を命じたところ、Yはそのような配転は自分のキャリアを無視したものでパワーハラスメントであると主張するに至った。

　本事例では、XがYに対して営業から人事への配転を命じる行為が違法なパワーハラスメントとなるかが問題となります。XのYへの配転命令は業務上の措置であるため、これが業務上必要なものか、態様が相当かどうかを検討することとなります。
　まず、業務上の必要性についてですが、確かにYは優秀な営業成績を挙げていた

のかもしれませんが、Yの言動は周囲の迷惑となっており、周囲の職場環境を劣悪なものとしていた感が否めません。会社は組織であって1人の身勝手な行動で職場全体の環境が悪化しているのであれば、会社は職場環境配慮義務の一環として具体的な措置を講じてこれを是正・回復しなければなりません。本件ではYの言動により劣悪となった環境を是正・回復する方法として、Yを取り除くことは合理的であり、業務上の必要性は十分でしょう。

　次に、態様が相当かどうかですが、確かにYは営業職として優秀な成績を維持しており、営業としてのキャリアはYの財産と言えます。そうすると、Xによる配転で当該財産を一方的に奪うことは、Yにとって承服し難いということは理解できないではありません。しかしながら、Yは従前から問題ある言動を続けており、Xの口頭注意によっても自身の言動を顧みることがなく問題をエスカレートさせていたのですから、XにおいてYに対してはそれなりに強い手段により是正を促さざるを得ないと考えたことはやむを得ないところです。また、人事付に異動させてしかるべくトレーニングを受けさせることで勤務態度の是正を図るという手段は組織内でYの問題を改善する方法として非常に穏当かつ合理的であり、一般的にも広く行われている方法です。そうすると、当該措置は、組織内で働くYにおいて受忍するべき範囲に留まるものというべきであり、たとえYのキャリアに若干空白が生じたとしても、態様の相当性は否定されないと思われます。

　したがって、本事例のXによる配転措置は、業務上の必要性、態様の相当性のいずれの観点からも業務の適正な範囲を超えておらず、違法なパワーハラスメントには該当しないと考えます。なお、Xが従前、Yに対して口頭注意程度しかしてこなかったのに、いきなり配転措置を取るのは不意打ちであってやり過ぎではないかという感想を持つ方もいるかもしれません。しかし、Xが口頭注意しかしなかったからといって、Yの言動が組織内で是認されていたことにはなりません。むしろ、Xが口頭注意をしていたということは、Yは自身の言動に問題があることを自覚するべきであったということです。そうすると、Xによる配転措置は、特に不意打ちでもなければ、やり過ぎでもないでしょう。

（4）部下が体調不良を訴えるので医師の診断書を提出するよう求めた

　Xは、経理部門の責任者を務めており、Yは同部門で事務処理を担当していた。Yは普段から体調不良を理由に遅刻、早退、欠勤が多く、そのしわ寄せが他の社員にいっていた。Xとしては、Yが他の社員に比べて体調を崩すことが多く、結果、他の社員の負担も重くなっていることから、Yに対して今度体調を崩す場合には、医師の診断書の提出を求めることがある旨通知した。その後、Yから体調不良を理由に欠勤すると連絡があったので、XはYに対して必ず医師を受診して、次回出勤する際に診断書を提出するよう求めた。しかし、Yが次回出勤の際に診断書を提出しなかったため、XはYを叱責し、次回同様のことがあれば必ず提出するよう求めた。しかし、その後もYは体調不良を理由に遅刻、欠勤しても診断書を提出しない態度を繰り返したため、XはE-mailでYの対応は業務命令違反であって許されないとして、明確に注意指導を行った。すると、Yから、医師の診断を受けるかどうかは個人の自由であり、XがYに自費で診断書を提出するよう執拗に求める行為はパワーハラスメントであるとの主張がされた。

　本事例では、Xが体調不良の申告があったYに対して医師を受診して診断書を提出するよう求める行為が、Yに対する違法なパワーハラスメントとなるかが問題となります。ここでも、XのYに対する行為が、業務と関連するか、業務上必要か、態様として相当かという観点から、業務上適正かどうかを検討します。

　まず、XがYに対して診断書の提出を求めるのは、Yの遅刻、早退、欠勤と勤怠に関する参考資料とする趣旨ですから、業務に関連するものです。また、企業は労働者の安全・健康に配慮する義務があり、体調を崩しがちな労働者がいる場合、当該

労働者の健康状態を積極的に管理・把握するべきと考えられています。Yは他の社員に比べて体調不良を訴えることが多く、実際の勤務に少なからず影響があることがうかがえますので、会社としてはこのような安全配慮義務の観点から、Yの健康状態を積極的に管理・把握する必要は相対的に高いというべきです。そのため、XがYに対してその健康状態を確認する資料として診断書の提出を求めることは業務上必要な行為です。あとはXがYに対して診断書の提出を繰り返し求めることが態様として相当か否かですが、XはYに対して次に体調不良で欠勤等する場合は診断書の提出を求めることがある旨を事前に伝えており、Yにおいて診断書の提出ができない正当な理由も特にありません。診断書の取得費用を会社と労働者のいずれが負担するかという問題は確かにありますが、Xは会社が費用を負担しないと主張したわけではありません。そうするとこの費用負担の問題は後日、会社と労働者の間で協議して解決すれば十分であって、費用負担の問題が解決しない限り診断書を取得・提出できないという姿勢は正当化されないと考えます。そのため、Yが診断書の提出を指示されたのにこれに対応しない場合、Xとしては粘り強く診断書の提出を求めていくことは極めて常識的な対応であり、XがYに対して診断書の提出を繰り返し求めた行為は、態様として相当であるといえます。

　したがって、XのYに対する行為は業務上適正な範囲に留まる行為であり、違法なパワーハラスメントには当たらないと考えます。なお、本件でYが診断書を取得した場合の費用負担の問題については、最終的には会社の指示で取得していることを踏まえますと、会社負担とするのが穏当であると考えます。

③ パワーハラスメントとなるか判断の分かれる事例
（1）新人に対してことさら厳しい教育・指導を行った

　Xは社員20名程度の小規模零細企業のオーナー社長であった。Xの会社は基本的に中途採用のみを受け付けていたが、3年ぶりに新卒採用を行うこととなり、新人としてYが入社した。Yは会社では久々の新人であり他の社員に比べてミスをすることも少なくなかったことから、XはYに対して他の社員に比べて若干厳しい指導およびマネジメントを行っていた。あるとき、Yが重要な取引先とのアポイントメントを飛ばしてしまうミスをしたため、Xはスケジュール管理がなっていないとして、Yを厳しく叱責し、なぜこのような事象が発生したのかの顛末書を提出させ、今後二度と同様のミスをしないこと、もし同様のミスをした場合は会社を退職することを約束する誓約書を提出させた。また、Xは、以降、毎日の始業時刻前にYに1日のスケジュールを報告させ、Yの報告内容に少しでも不備や不正確な点があれば厳しく叱責することを繰り返した。加えて、XはYの業務終了時に1日の業務内容を報告させるようになり、Yが少しでも言いよどむとスケジュール管理がなっていないとして叱責していた。Yは当初はXの業務指示を懸命にこなしていたが、やがてXの対応に精神的な苦痛を覚えるようになった。

　本件では、XのYに対する業務指導が違法なパワーハラスメントとなるかどうかが問題となります。この点、Xの業務指導はいずれもYの業務に関連するものであるため、本件ではXの業務指導が業務上必要かどうか、態様として相当かどうかが主に問題となります。

　まず業務上の必要性についてですが、Yは会社で唯一の新人であり他の社員に比

べて十分な戦力となっていないことがうかがわれます。Yが他の社員に比べて仕事でミスをすることも多かったということも、このことを裏付けているでしょう。Xの職場は少数精鋭で仕事を回す零細企業ですので、XがYについて早く他の社員に追いついて欲しいと考えるのは当然であり、XがYに対して一般的に他の社員より若干厳しいマネジメントで臨むことはある程度必要といえそうです。また、XがYのスケジュール管理を巡ってより厳しいマネジメントを行うようになったのは、Yが重要な取引先とのアポイントメントについてスケジュール管理を怠るという無視し難いミスをしたためであり、Xによる当該マネジメントについても業務上の必要性はただちに否定し難いといえます。そうすると、XのYに対する業務指導は一応、その必要性を認めることができそうです。

　次に態様の相当性についてですが、ミスの多い社員に対し相対的に厳しい業務指導を行うことはある程度はやむを得ないことであり、XのYに対する業務指導が他の社員に比べて厳しいものであったことがただちに不当・不適切ということはないでしょう。他方、XがYに対して厳しい内容の誓約書を提出させたことや日々のスケジュール管理についてかなり事細かな報告を徹底して行ったことは、慎重に検討する必要があります。確かにYによるスケジュール管理ミスは小さなミスとは言えませんし、Yが今後きちんと仕事を進めていくうえでスケジュール管理を徹底する姿勢は確実に身につける必要があります。これらの点を重視すれば、XのYに対する徹底した指導は、正当性を肯定できないではありません。しかし、Xによるマネジメントは徹底的過ぎて、Yに対し相当の身体的・精神的負担を与える側面が否定できません。また、Yは業務経験が浅いうちはスケジュール管理に不安があったとしても、経験を積むに連れてこの辺りの管理能力は自然に身につくことも期待できます。そうすると、Xによる徹底した管理は一時的・短期的なものであれば態様の相当性を認め得るとしても、これを必要以上の長期にわたって継続することはYに過剰な負担を課すものとして相当性が否定される可能性も十分考えられそうです。

　このようにXによる行為は、Yが唯一の新人であり他の社員に比べて業務能力が十分でないという前提であれば業務の適正な範囲にあるとして許容される余地がないではありませんが、Yにおいて業務経験が蓄積され、業務能力の改善も認められ

る状況となった場合には指導として行き過ぎであって業務の適正な範囲を超えると考えるべきかもしれません。このように、部下に対する教育・指導は、部下の業務環境や業務状況に応じて適正か否かが判断されることもありますので、上司・上長としては状況を押さえながら柔軟に対応するべきということでしょう。

（2）部下を勤務時間外に連れ回すことを繰り返した

Xは営業部門の責任者を務めていたが、勤務終了後に部署に残っている部下を連れて飲みに行くことがわりと頻繁にあった。というのもXは飲み会を1つのコミュニケーション手段と考えており、部下と飲みに行くことは部下との関係を密なものにする手段として有益としていた。あるとき同部門に新人Yが配属となり、Xは早期にYとの関係を構築するべく、積極的にYを飲み会に誘っていた。Yも早く営業部門になじみたいという思いからXの誘いを断ることはなく、これに積極的に参加するようにしていた。XはYのことを気に入り、飲み会には必ずYを誘うようになり、土日の個人的なイベントにもYをちょくちょく誘うようになった。Yは当初は積極的に参加意思を示していたが、やがてXからの誘いが負担となったことから、Xの誘いを断る機会が増えていった。しかしYが誘いを断るたびXが嫌な顔をするため誘いを断りづらくなってしまい、いやいやながらXの誘いに応じて勤務時間後の飲み会や休日のイベントに参加することを余儀なくされた。結果、Yは平日・土日祝日いずれも十分な休息を取れないことが続き、疲弊した結果、休職してしまった。

本件では、Xが勤務時間外や休日にYを誘うことを繰り返した行為が、Yに対する違法なパワーハラスメントとなるかどうかが問題となります。そこで、Xの行為が

業務上適正な範囲にあるかどうか、考えていきたいと思います。まず、業務との関連性、必要性ですが、XのYに対する誘いは勤務時間外の飲み会や休日のイベントなど業務とは直接関係のないものについて行われています。そうすると、XのYに対する誘いは、業務との関連性、業務上の必要性共に希薄と言えます。そうするとXの行為が態様として不相当であれば、XのYに対する行為は違法なパワーハラスメントに該当する可能性が高いということになります。では、Xの行為が態様として相当かどうかですが、本件のようなプライベートな誘いについては、相手に参加を強制するものとなっていないか、相手に過剰な負担を課していないかが判断のポイントとなります。

　この点に関し、確かにXの誘いはYに参加を強制するものとまではいえないこと、YはXの誘いを断る余地もあったこと、Yが誘いを断っていればYが過剰な負担を被ることもなかったことを重視すれば、Yに生じた結果はYの自己責任であって、Xの行為が態様として不相当とまではいえないという判断になりそうです。他方、Yが新人であり部門長であるXからの誘いを断りづらい立場にあったこと、Xの誘いはかなり頻繁に行われておりYに対して無配慮であると言われてもやむを得ないこと、結果的にYが疲弊して心身を壊したこと自体が重大であることを重視すれば、Xの行為は態様として不相当であったとの判断になりそうです。

　このように本件はいずれの評価にも転び得る微妙な事案であり、実際には「Yが誘いを断るたびXが嫌な顔をする」という事象が実際はどのようなものであったかが判断の決め手になりそうな気もします。例えば、XにおいてYが参加を断ることについてことさら苦言を呈したり、非難したり、雇用上の不利益を示唆したりということがあれば、Xの誘いは事実上Yに参加を強いるものとして正当化される余地はかなり乏しくなります。他方、Xがこのようなことを一切しておらず、Yの負担となるような具体的な言動・行動を取っていなければ、XはYに参加を強制はしておらず、違法なパワーハラスメントがあったとは言い切れないという判断に傾きそうです（ただ、それでもXの誘いが常軌を逸した頻度でされていたり、長時間Yを拘束するものであった場合はこの判断もゆらぎます）。このように、本件は実際の具体的事実がどうであったかに大きく左右されそうな事案と言えるでしょう。

第3 マタニティハラスメント

（1）妊娠等の職場ルールに反して妊娠した労働者に対して不利益を与えた

　　Xは介護サービスを事業とする企業の施設長を務めていた。同施設ではギリギリの人数で介護サービスをなんとか維持している状況であり、介護職の社員らは1人が妊娠した場合、他の女性職員は妊娠を控えるというのが暗黙のルールとなっていた。Xは、施設がギリギリの人員である以上、介護職の女性社員はこのルールを守って当然であると考えており、女性の介護職を採用した場合、結婚の有無だけでなく妊娠の予定についても尋ねつつ、回答された妊娠予定が前記ルールに整合しない場合、妊娠の予定をずらすよう求めるなどしていた。同施設に中途で採用されたYもXから妊娠の予定を尋ねられ、質問が不適切ではないかと考えつつも渋々これに答えて就労していた。しかし、Yは予定と異なるタイミングで妊娠し、その旨をXに報告したところ、Xは約束と違う旨叱責し、施設のルールが守れないのであれば退職するべきであると自主退職を示唆するなどした。そのうえで、XはYとの信頼関係が維持できないとして、Yの勤務シフトを極端に削減した結果、Yは収入が激変したため転職を余儀なくされた。

　　本事例では、XによるYに対する一連の行為がYに対するマタニティハラスメントに該当するか、すなわち（ⅰ）採用に当たって妊娠の予定を尋ねる行為、（ⅱ）予定外の妊娠を叱責する行為、（ⅲ）職場の暗黙のルールに反したことを理由に退職を示唆する行為、（ⅳ）勤務シフトを削減して収入減を生じさせた行為について、

どこまでがセーフでどこからがアウトなのかが問題となります。具体的には、これらの行為が、①妊娠、出産、育児等を理由として解雇その他不利益な取り扱いをする行為、または②妊娠、出産、育児等を理由としてその就業環境を害する行為に該当するかどうかを検討することになります。

　まず①についてですが、XのYに対する一連の行為のうち（ⅱ）〜（ⅳ）はYからの妊娠報告を受けて行われた行為であるため、Yの妊娠等を契機とする行為であること（要するに妊娠等を理由とする行為であること）は明らかです。そして、（ⅰ）〜（ⅲ）はともかくとして、（ⅳ）はYに対して雇用契約上の不利益を与える行為というほかないため、（ⅳ）は①に該当するマタニティハラスメント行為というべきでしょう。他方、（ⅰ）はあくまで妊娠の予定を質問するものであり妊娠等を契機とする行為とは言い難いですし、（ⅱ）および（ⅲ）もYに対して事実上の不安感や不快感を与えるものではありますが、具体的な不利益を与える行為ではないため、（ⅰ）〜（ⅲ）は①のマタニティハラスメントには該当しないといえます。

　次に②についてですが、（ⅱ）〜（ⅳ）がYの妊娠等を契機とする行為であることは前記のとおりです。そして、（ⅱ）は妊娠というやむを得ない生理的現象を理由に叱責を加える点で理不尽といわれてもやむを得ないものであり、Yに相応の精神的苦痛を与える行為です。また、（ⅲ）は退職を示唆している点でYに対して強い雇用不安を与えるものであり、やはり相応の精神的苦痛を与える行為です。さらに、（ⅳ）はYに雇用上の実害を与えることでYの雇用環境を現実に阻害する行為です。そうすると、（ⅱ）〜（ⅳ）はいずれもYの就業環境を相当程度害する行為と評価するべきであり、いずれも②のマタニティハラスメントに該当すると考えます。

　このように、Xの一連の行為は（ⅰ）を除いて①または②のマタニティハラスメントに該当する行為というべきです。では（ⅰ）の行為はまったく問題ないのでしょうか。この点（ⅰ）の行為は、妊娠の予定の有無や時期という通常人であれば回答を望まないセンシティブな事柄であって、プライバシー性の高い情報を尋ねる行為です。企業が労働者に対してこのようなセンシティブなプライバシー情報をただす行為は、これを強制的に行うことは許されませんし、任意であっても業務上の必要性が十分に認められる場合に限り許容されるものと考えるべきでしょう。本件に

おいて、XはYに回答を強制してはいませんので、当該質問をすることについて業務上の必要性が認められるのであれば、大きな問題はないということになります。

　確かに、Xの職場では介護職の女性は周囲への配慮から計画的に妊娠をするという暗黙のルールがあり、このルールを重視すればXの質問は許容範囲ということになりそうです。しかし労働者が妊娠するかしないかは業務とは関わりのないまったく私的な問題であり、また、自己決定権という憲法上保障された基本的人権に関わる事柄です。職場の環境がどうあれ、このような完全に私的な領域に属する個人の基本的権利を制限するルールは、社会的・法律的に許容される余地はないように思われます。たとえXの職場で前記のような独自ルールが通用していたとしても、このルールが当然に社会内で通用する理由はないということです。したがって、Xが当該ルールを重視して前記質問をすることは、業務上の必要性を認め難く、許されないと考えるべきです。

　したがって、（ⅰ）の行為は直接的なマタニティハラスメントには該当しにくいものの、これに類する違法な行為（プライバシー侵害行為）として問題となる余地が多分にあると考えます。

予防策

　本事例のXの失敗は、Xの職場ルールが社会的に通用するルールであると誤解したことにありそうです。

　確かに、女性労働者が妊娠等すれば労働能力の低下は避けられないところです。Xの職場のようにギリギリのマンパワーで仕事を回しているような職場であれば、複数名が妊娠等すれば仕事が回らなくなってしまうという現象自体は理解できます。

　しかしながら、労働者が妊娠等を理由に休暇・休業を取得することは法律上認められた権利であり、職場の人員不足等は当該権利行使を制限する理由にはなりません。また、労働者が人間であって日常生活のなかで妊娠等することは自然の摂理です。そうすると労働者の妊娠等により労働力が不足するリスクは、

そもそも職場に内在するリスクというべきであり、このような職場に不可避的に生じるリスクを労働者側に転嫁することは基本的に許されないと考えるべきです。そうすると、Xの職場でのルールは、労働者が法律上有する権利・利益を職場の都合でねじ曲げ、本来企業側が負担すべきリスクを正当な理由なく労働者側に転嫁するものと見る余地が多分にあり、社会的に許容される余地の乏しいルールと言うべきです。

　常識的に考えても、個人がいつ、どのようなタイミングで妊娠等するかは個人の自由であり、雇用契約の相手当事者に過ぎない企業側が左右できる問題ではないはずです。労働者が複数妊娠等すると仕事が回らなくなるような職場は、そもそも事業体として問題があると言わざるを得ないのであり、企業側の経営責任の問題です。Xにこのような常識的意識があれば、職場内の独自ルールが理不尽で不合理なルールであることに気がつくことができたかもしれません。

　日本の職場では、職場内の和を重視して協調関係を乱さないことを美徳とする文化があります。その文化自体を否定するつもりはありませんが、この美徳を重視し過ぎて本来、個人の自由に属する事柄を一方的に制約することはナンセンスです。職場内の関係はあくまで雇用契約で結びついている関係に過ぎず、雇用契約とは直接関わりのない高度に私的な事柄を拘束する力はないということに注意しましょう。

（2）育児休業に入る従業員を配転し、復職後も配転を維持した

事 例

　Xは営業部門の責任者を務めており、YはXの下で営業チームの１つを統括するチームリーダーを務めていた。Yは従前から十分な営業成績をおさめており、また、チーム内の部下に対するマネジメントについても特に問題はなかった。そんななかYの妻が出産し、Yは育児に積極的に参加するために１年間の育児休業申請を行った。Xは営業チームを束ねるYが長期間休業した場合、営

業チームの管理者が不在となり業務効率が阻害されることを懸念した。そこで、Xは、Yに対してこの懸念を率直に伝え、休暇取得期間中は一時的にチームリーダーの職を外れてもらうこと、チームリーダーを外れた場合には一部手当が不支給となること、復職した場合はもとのポジションに戻す予定であることを伝えた。Yは前記説明を理解し、休暇取得期間中は手当が不支給となっても実害がない（そもそも給料が支給されない）ことから、これを承諾し、有給休暇を取得した。Xは、Yが休暇を取得したタイミングでYをチームリーダーから外してZをチームリーダーに指名した。Yは1年間の休暇期間が満了した後に営業チームに復帰したが、その時点でチームリーダーのポジションに空きがなかったことから、チームリーダーに復帰することができず、一部手当も復活しなかった。Yは、XがYをチームリーダーに復帰させないことがハラスメントではないかと人事部に訴えた。

評価 ★

　本事例では、XがYの育児休業の取得を理由にYをチームリーダーから外した行為、Yの復職に当たりチームリーダーに戻さなかった行為が、それぞれマタニティハラスメントとなるかが問題となります。

　まず、Yをチームリーダーから外した行為についてですが、シンプルに見ればこれは育児休業を取得したことを理由にYにとって不利となる配転措置を講じるものであることは明白であり、形式的にはマタニティハラスメント（育児休業取得を理由とする不利益取扱い）に該当する余地があります。しかしながら、営業チームを束ねる立場にあるYが長期間休業することとなれば、チームの管理者がいなくなってしまい企業運営上無視できない影響が生じることは当然です。そのため企業側としてYの休業期間中に代わりの人材をチームリーダーにあてがう必要は十分あります。また、Xはこのような影響についてYに説明しつつ、休業期間中の待遇や復職時の待遇を踏まえてYへの説明を尽くし、Yはこの説明を受けてチームリーダーを外れることに同意しています。そうすると、Yをチームリーダーから外した行為は、

形式的にはマタニティハラスメントに該当する余地があるとしても、Yが業務上の必要性を十分に理解しつつ自由意思に基づいて同意したものとして、マタニティハラスメントには該当しないと考えるべきでしょう。

　次に、Yの復帰にあたってチームリーダーのポジションに戻さず、かつ、一部手当の不支給を継続したことについてはどうでしょう。Yに対するこれらの措置は、Yが育児休業を取得したことに伴いチームリーダーのポジションから除外した措置を、復職した後も継続する行為です。この点、Yをチームリーダーから除外する行為についてハラスメント性が否定されるのは、企業側に当該措置を講じる業務上の必要性があること、企業側がこの点を十分に説明しつつYの理解と同意を得たことが主な理由です。他方、Yが復帰しても元のポジション・待遇に戻さないことは直ちに業務上の必要性を見出し難く、また、Yへの従前の説明を覆すものであり、Yにとって不意打ちであってその理解と同意があるとはいえません。そうすると、Xによる復職後の措置については、休暇取得時の措置と異なりこれを正当化する理由が認められません。そうすると、復職後の措置はYの育児休業取得を理由とする雇用上の不利益な行為として、マタニティハラスメントに該当する可能性が極めて高いと言えます。

　したがって、本件では前者の行為はマタニティハラスメントには該当しないものの、後者の行為はマタニティハラスメントに該当する可能性が高いでしょう。

予防策

　本事例の問題は、XがYに対して約束した内容を守らなかったことにあります。Xとしては、当初は本当にYの復帰に当たって従前のポジションや待遇を維持しようと考えていたのかもしれません。しかし、会社組織を取り巻く環境は時間の経過と共に変動するものであり、本当にYの条件や待遇を1年後（休業期間満了時）に確実に維持できるかどうかはわかりません。Xの最大の失敗は、守れるかどうかわからない約束を軽々としてしまったことにあるでしょう。もし、XがYの育児休業取得時に、Yが復帰した場合に従前のポジションや待遇を

維持できるかわからないという点をきちんと説明していれば、Yの育児休業取得時のXの行為も、Yの休業明けの復帰時のXの行為も、いずれもマタニティハラスメントに該当しなかった可能性は十分あります。Xとしては手っ取り早くYの同意を取りたかったのかもしれませんが、このような軽率な行動は後々トラブルに発展する可能性があります。

　マタニティハラスメントとはあくまで妊娠等を理由として労働者に理不尽な行為をすることを意味するのであり、妊娠等を理由とする労働者への不利益な措置を一律禁止するものではありません。労働者が妊娠等で労務提供ができなくなった場合、企業側には事業への影響を最小限にするため必要な措置を講じる余地は残されています。本件のXがこの点を十分に理解していれば、前記のような軽率な約束をせず、育児休業を取得する場合に一定の不利益を甘受してもらわざるを得ないことをきちんと説明できたのではないでしょうか。

（3）育児休業を取得しようとする労働者にこれを断念させた

事例

　Xは会社の経営戦略を検討・提案・遂行する部門の責任者を務めていた。同部門は社内の有望な人材が集められ、メンバーはいずれもゆくゆく幹部として相応の地位に就くことが想定されていた。あるとき同部門に所属するYが妻の出産を理由として育児休業を取得することとをXに申請した。XはYが会社から将来有望と思われており、育児休業で長期間職務から離れることはYのキャリアにマイナスであると思われたし、Yが休暇を取得すると同部門の他のメンバーの負担も重くなると考えた。そこでXは、「Yに対して男性が育児休業を取得することに意味があるとは思えないこと」「Yが育児休業を取得することはYのためにも他メンバーのためにもならないこと」「Yが育児休業を取得した場合はYを別部署に配転する可能性があり会社でのキャリアが閉ざされる可能性があること」を伝え、育児休業の取得を申請しないよう説得した。Xの説明を受

け、Yはこのまま育児休業を取得した場合、望まぬ配転等がされて今後働きづらくなるかもしれないと考え、育児休業の申請を自ら取り下げた。

評価

　本件では、XがYに対して育児休業の申請を取り下げさせた行為がマタニティハラスメントといえるかどうかが問題となります。すなわち、Xの行為が妊娠等を理由にYの職場環境を阻害するものかどうかを検討することになります。

　まず、XのYに対する一連の行為は、Yが生まれた子のために育児休業の申請を行ったことを契機として開始されています。マタニティハラスメントは妊娠等を理由に行われるハラスメント行為を意味するところ、「妊娠等」には妊娠、出産だけでなく育児も含まれます。Xの行為はYによる育児をきっかけに開始されていますので、これは妊娠等を理由とするものというべきでしょう。

　次に、Xの行為がYに対するハラスメントといえるかどうかですが、確かに日本の社会で男性による育児休業はまだまだ浸透はしていませんし、企業のコア業務に従事している社員が育児を理由に長期間職務から離れることも周囲の理解を得難いのは事実です。しかし育児休業、介護休業等育児または家族介護を行う労働者の福祉に関する法律（いわゆる育児・介護休業法）は、男女等しく育児休業の取得を認めており、男性であっても育児休業を取得することは法律上許された権利です。このような法律上の権利を、一般的でない、職場で浸透していないという曖昧な理由で阻害することは許されません。また、Yが法律上正当な権利を行使したことで、これまでの会社での貢献や実績が帳消しになり、そのキャリアが閉ざされるということもあってはならないことです。そうすると、Xが男性の育児休業に対する個人的見解を述べるに留まらず、育児休業を取得した場合に配転等によりキャリアに傷がつく旨述べたことはこれをただちに正当化することは難しく、また、Yが育児休業の取得を断念するに足りる雇用不安を与えるものと評価されても仕方がないといえます。そうすると、XのYに対する行為は、Yに対していたずらに雇用不安を与えて育児休業の取得を断念させる行為としてハラスメントと評価される可能性は大い

にあると考えます。

　したがって、XのYに対する行為は、妊娠等を理由とするハラスメント行為としてマタニティハラスメントに該当する可能性が高いといえます。

予防策

　本件のXの失敗は、Yに育児休業の取得を断念させるために軽々と「配転」という具体的な人事措置を示唆してしまった点にあるといえるでしょう。Yが育児休業を申請することは法律上の権利ですが、このような権利を行使したYに対して会社が説得することにより、取得時期を変更してもらったり、申請自体を撤回してもらうということは、ただちに違法となるものではありません。しかし、このような時期変更や撤回はYの自由意思に基づくものである必要がありますので、会社は正当かつ十分な説明により、Yの真摯な理解と同意を得る必要があります。

　この点、Xが男性による育児休業について自身の見解を伝えること自体は個人の自由ですので、Xが自身の価値観をYに押し付けるものでない限り、それが保守的に過ぎる内容であってもただちに問題となるものではありません。また、Yが長期間職務から外れた場合に他の社員の負担が重くなることも事実ですので、これをYに伝えることもただちに責められるべき事柄ではありません。そのため、Xが配転うんぬんに言及しなければ、Xの行為がマタニティハラスメントと評価される可能性は高くなかったように思われます。他方、配転措置は労働者の職責に直接影響する人事権の行使であり、雇用上の利益・不利益に直結するものです。そのため、Xが配転の可能性に言及することは、Yをして自身の雇用上の不利益を現実的かつ具体的に認識させるに十分であり、慎重に説明されるべきです。

　もちろん、Yが育児休業を取得し、職務から長期間外れる場合、企業として人材の有効活用の観点から一定の配転措置が不可避となることも十分あり得ます。しかし、このような場合は、まずは配転の必要性や配転による利益・不利

益について説明を尽くすことで、相手が育児休業取得によるメリット・デメリットを的確に判断できる状態を作ることが大切です。このように説明を尽くしていれば後々、労働者と配転を巡ってトラブルとなる可能性を払拭することができますし、後日、トラブルとなっても企業側の対応が正当であると認められる可能性も十分あります。本件のXはそのような慎重な対応を放棄し、ただYに休業取得を断念させるためだけに軽々と配転について言及してしまっており、対応として軽率であったと言わざるを得ないでしょう。

第4 新しいハラスメント行為

　これまで伝統的な職場でのハラスメント事例について解説してきましたが、ここでは近年マスメディアによって取り上げられる新しいハラスメント類型について簡単な事例を踏まえて解説していきます。ただ、このような新しいハラスメント類型は時の経過と共に追加されていく傾向にあり、そのすべてを網羅・解説することは困難です。そこで、このようなハラスメント類型としてマスメディアで取り上げられやすい類型に絞って、簡単な想定事例を踏まえて解説していきたいと思います。

1 アカデミックハラスメント

事 例

　Xは大学の教授としてゼミの指導担当を務めており、Yはこのゼミに所属する学生であった。Yは所属ゼミで提出を要する課題やゼミの発表に不備があることが多々あり、度々私用でゼミを欠席することもあった。また、ゼミに参加しても積極的な発言等をしない傾向にあった。XはYのゼミに対する姿勢を常々苦々しく思っていたが、特にYに対して注意したり、改善を求めることはなかった。Yの卒業まで残り数ヶ月となったころ、Xがゼミに参加したYに発言を

求めたところYが的確な回答をしなかった。これに立腹したXは、Yを他の学生の前で激しく叱責しつつ、今後、ゼミを一度でも欠席した場合は単位を与えないことを通告した。YはXの対応にショックを受けつつ、その後はゼミへの出席を続けていたが、ある時、体調を崩してゼミを欠席した。Xは体調不良で欠席したい旨申し入れたYに対し、体調不良であろうとなんだろうと欠席した以上は単位を与えない旨告げ、単位が取れない以上履修しても無駄であるから所属ゼミを変更するよう伝えた。Yは卒業間近でありいまさらゼミの変更は無理であると考え、Xに許しを求めたところ、XはYに自分が出す特別課題を提出すれば考えないではない旨伝え、Yはこれを了承した。Xが要求した課題は相当な量であったが、Yは卒業がかかっていたため懸命にこれをこなしてXに提出した。しかしXは提出物の内容が自分の期待するものと違ったとして、課題を不合格とし、結局、Yに単位を与えなかった。結果、Yは卒業ができず、卒業後の就職先からも内定を取り消された。

評価

　Xはゼミの担当を務める教授であり、Yはこのゼミ生ですので、XにはYに対して教育目的での必要な指導を行う権限があります。このような教育目的の指導についてXにはかなり広い裁量が認められていますので、Xによる教育的指導は、原則として適法・適正と考えるべきです。もっとも、このXの裁量は大学と学生との間の在学契約を根拠とするものであるため、契約に基づく一定の限界があります（要するにXは教育的指導であるから何をしてもよいということではないということです）。そのため、XのYに対する教育的指導が在学契約の趣旨に照らして合理的な範囲を明らかに逸脱するような場合は、Xに許容された裁量を逸脱した違法行為と評価される可能性が高くなります。そこで本件のXの行為が、Xの教育者としての裁量の範囲を超えるかどうかを検討します。

　確かに、Yはあまり優秀なゼミ生であったとは認められず、どちらかといえばやる気のない学生であったといえそうです。そうすると、XがYに対してある程度厳

しい指導をしても、これがYの人格を否定したり、Yをことさら侮辱するようなものでなければ、かなり広い範囲で許容されることになりそうです。例えば、XがYをゼミのなかで叱責した行為については、必要な教育的指導であったとして違法性は否定されるものと思われます。

　しかし、Xが、Yが体調不良によりゼミを1回欠席したことを理由に単位を与えない旨宣言して所属ゼミの変更を示唆したこと、Yが追加課題を提出したのに結局単位を与えなかったことは、いずれも違法なハラスメント行為と評価される余地が多分にあると思われます。

　まず、Yの欠席は体調不良というある程度やむを得ない理由によるものであり、Yにことさら責任があるとは言い難いところです。またYが体調不良で1回欠席したことがYの学生としての能力や適性にただちに影響するとは考えにくく、Xの従前の叱責内容を加味してもただちに単位を取り上げるほどの合理的理由とはならないと思われます。しかもXはYに対して従前きめ細やかな注意指導を行ってきたわけでもなく、Yに十分な改善の機会が与えられていたかも疑問です。そうすると、Yがやむなく1回欠席したことのみで単位を与えない旨通告することは、Xがその旨予告していたことを加味しても、正当性を認め難いところです。

　次に、XがYに対して所属ゼミを変更するよう示唆する行為についても、そもそもYに単位を与えないことについて正当性を見出し難いことを踏まえれば、Yに無理難題を強いて絶望感をことさら煽るものと見る余地があり、教育目的というより嫌がらせ目的であると評価されても仕方がないように思われます。しかも、XはYに対し追加課題を提出すれば単位を与える可能性があるとの希望を与えつつ、結局、提出物が期待に沿わないという恣意的な理由で単位を付与しませんでした。このようにYに一縷の希望を与えながら、結局、絶望に突き落とす行為はYに強い精神的苦痛を与えるものであり、やはり不相当というべきでしょう。しかも、Yは単位を得られなかったことで卒業ができず、予定していた就職先の内定を取り消されるなど生じた結果も看過し難いものがあります。

　したがって、XのYに対する一連の行為は、XがYを他生徒の面前で強く叱責した行為は正当と見る余地がありますが、それを超えてYにゼミの変更を示唆したり、

最終的に単位を与えなかったことは、教育目的を逸脱した違法なハラスメント行為と評価されるべきものと考えます。

②アルコールハラスメント

　Xが経営する会社は社員20名程度の小規模事業所であり、社内の懇親会として飲み会を開くことが多々あった。この飲み会には社員のほとんどが参加しており、新人のYも積極的に参加するようにしていた。ただ、Xの職場は体育会系の雰囲気があり、飲み会も上司や先輩と同じペースで飲酒することを求められ、上司や先輩から注がれた酒は飲み干すのがあたり前という雰囲気があった。Yはそれほど酒が強いわけではなく、また、飲酒する場合も自分のペースで飲むようにしていたので、職場の飲み会が苦痛であった。Yはそれでも新人として職場に早くなじみたいという思いから我慢して飲み会に参加していたが、ある時、Xから飲酒を求められた際にこれ以上は無理であると断り、飲まなかった。Xはこれに気分を害し、「あいつはノリが悪い」と他の社員に不満をいい、今後はYを飲み会に誘う必要はないと伝えた。他の社員はXの意向を受けてYを飲み会に誘うことがなくなり、Yは職場で孤立しがちになった。Yは自分も飲み会に参加させて欲しい旨Xに直談判したところ、Xは飲み会に参加したいのであれば上司や先輩から勧められた酒を断ってはならない旨注意し、Yに二度とそのようなことをしないと約束させた。結果、Yは飲み会に復帰し、約束を果たすべく無理な飲酒を繰り返すことを強いられた。

　本件ではXによる一連の行為についてどこまでがセーフでどこからがアウトかが問題となります。アルコールハラスメントとなるかどうかについて明確な判断基準

はありませんが、判断のポイントとしては、相手の自由意思を排除して飲酒を強いるものと評価されるものかどうかという観点で見るのが妥当であろうと思われます。

　まず、Xを含む上司・先輩らが、新人のYに飲み会への出席および飲酒を勧めたという当初の行為については、倫理的な問題はともかくとして、法的には特段問題はなさそうです。というのも、XらはYに飲み会の参加を強制したことはなく、Yは自分の意思で飲み会に出席しています。また、勧められた酒を飲み干すべしという雰囲気の当否はともかく、Yによる飲酒は基本的に自分の意思によるものであり、Yの自由意思が排除されていると見ることも難しいと思われます。そうすると、Xらによる当該行為について法的な問題は生じにくいといえます。

　他方、XがYの飲み会での態度に気分を害してYを飲み会から排除した行為や飲み会に復帰したYに積極的な飲酒を求めた行為については、倫理的な問題を超えて違法の問題が生じる余地があると思われます。すなわち、本件のような小規模な職場において、ほぼ全員が参加する飲み会に1人呼ばれないことは、職場での孤立を深める要因になり得ることは想像に難くありません。特にYが新人であって職場内で人間関係を確立できていないことを踏まえると、Yとしては飲み会から排除されることは相当の孤立感を覚えてしかるべきでしょう。そうすると、XがYを飲み会から排除した行為は、Yの自由意思を制圧するに足りるものであったと評価する余地は多分にあります。しかも、Yはこのような孤立をおそれ、不本意ながら飲み会に復帰して、結局、無理な飲酒を強いられることとなりました。このような一連の経過からすれば、Xの前記のような行為はYの自由意思を排除して飲酒を強要するハラスメント行為であると評価される可能性はそれなりにあると考えます。

③モラルハラスメント

事 例

　Xは、経理部門に所属する社員として支払や経費の伝票処理を担当しており、仕事の1つとして営業活動に関する経費の申請を受け付けて必要な証憑を整理

して支払処理を行う業務があった。Xの処理はミスがなく正確であることは評価されていたが、営業職の申請内容に不備があると「仕事ができない」「能力が足りない」「考える力がない」などと相手の人格を否定するような辛辣な言葉で是正を求めることが多く、営業職から言葉がきつすぎると部門長宛にクレームが来ることもあった。部門長はクレームの都度、Xに勤務態度を改めるよう注意していたが、Xはミスをする方が悪いのであり自分は自分の仕事をきちんとやっており文句を言われる筋合いはないという態度であった。その後もXは営業職に対して同じ様な態度を続けていたところ、営業職の1人であったYは人事部にXの態度に問題があると相談し具体的な対応を求めた。

評　価
☆

　本件のXは経理部門の一担当者であり、営業部門のYとは職場での上下関係・優劣関係はありません。このような対等関係にあるXのYに対する行為が違法なハラスメントとなるのかが、本件では問題となります。

　確かに職場での優劣関係を背景にするとしないとでは、加害者の行為により被害者の受ける精神的苦痛の程度はそれなりに変わってくるため、優劣関係を背景とする場合とそうでない場合とで、ハラスメントと評価される範囲に違いが生じることはあるでしょう。ただこれは範囲に違いが生じるというレベルの話であり、優劣関係を背景としないからハラスメントとならないということではありません。このような場合でも、加害行為の内容・態様によっては、被害者との関係でハラスメントと評価される余地は十分あります。

　本件のXも申請内容に不備を指摘するという行為それ自体は正しいのかもしれませんが、不備を指摘するのに逐一相手の人格を否定するような言葉を遣う必要はまったくありません。しかも、Xは従前から言葉がきつすぎる旨上長から注意指導をされており、自身の言動を改める機会を十分に与えられていました。にもかかわらず、Xが自分は正しいという独善的な考えから相手の人格を否定するような言動を繰り返したことは、何ら正当な理由なく相手に精神的苦痛を与え、また、相手の職

場環境を著しく害する行為としてハラスメントと評価されてもやむを得ないといえます。

　したがって、本件のXの行為はYを始め営業職らに対する違法なハラスメント行為というべきでしょう。

4 就活終われハラスメント

　Xは人事部責任者として新卒採用を担当しており、役員からは優秀な人材を幅広く確保するよう厳命されていた。Yは卒業後の就職先を求めて就職活動中の学生であり、Xの会社の新卒募集にも応募していた。XはYの最終面接を担当し、Yをぜひとも採用したいと考えた。Xは、Yに対して内定の連絡が行われた後、個別にYに連絡して会社としてぜひYに入社して欲しいこと、Yについて内定を取り消すことは絶対にないので就職活動を終了することも検討してほしいことを伝えた。YはXからの連絡に感謝を述べつつ、就職活動を続けるかどうかは明言しなかった。XはYをさらに囲い込むべく、Yとの会食の場を設けてYを接待しつつ、Yに入社して欲しいという意向を改めて伝えた。しかし、Yが入社の意思を明確にしなかったため、後日、XはYを呼び出し、入社する意思があるかどうかの結論を迫りつつ、入社意思がある場合には会社の用意する誓約書（就職活動を終了することや他の内定先に内定辞退を連絡すること等が記載された書面）にサインするよう求めた。Yがこれに躊躇したところ、XはYの採用にかかった時間とコストを説明し、内定を辞退した場合には無駄な時間とコストがかかったことについて責任を取ってもらうかもしれないなどとYに伝え、執拗に署名するよう迫った。

　本件のXについてもどこまでがセーフでどこからがアウトなのかを検討していきますが、やはり判断のポイントとなるのはXの行為がYの自由意思を排除して特定の企業以外に就職することを断念させるようなものであったかどうかでしょう。

　まず、Xが内定連絡後にYに個別に連絡して、就職活動の終了について示唆した行為についてですが、確かに採用の責任者から直接連絡が有ることはYにとって少なからずプレッシャーとなるものかもしれません。しかし、Xの行為は採用意思を伝えつつ、自社への就職を勧誘する行為に過ぎず、Yの自由意思を制圧するような内容ではないといえます。そうすると、このXの行為は特に問題なさそうです。

　次に、XがYを個別に接待する行為ですが、Yからすれば接待された手前内定を辞退しづらくなるということはあるかもしれませんが、このような接待はやはり勧誘・アピールの範囲を逸脱するものではありません。YにはXの会社に入社するかどうかの判断の余地は十分に残されており、その自由意思が制圧されていると考える余地はないと思います。

　他方、XがYを呼び出し、脅すような発言をしつつ誓約書へのサインを迫った行為はアウトといえそうです。Xの行為は、自身の就職先という人生の重大事をその場で即時決めるよう迫っている点、本来Yが負担する余地のないYの採用事務に要した費用についてYの責任を示唆している点、Yに対して法的効力に多大な疑問のある誓約書にサインを求めている点、いずれの観点からも常軌を逸していると評価される可能性があります。このような非常識な行為はYに無用かつ過剰な心理的プレッシャーを与えてその自由意思を排斥しようとする行為であると評価される可能性が多分にありますので、Xのこれら行為はYとの関係でハラスメント行為であると判断されても仕方のないものといえそうです。

III ハラスメントの予防・解決

Ⅲ ハラスメントの予防・解決

第1 予防

　これまでハラスメント類型ごとにどのような場合に違法なハラスメント行為と評価され、どこまでが許容されるのかについて説明してきました。ある行為がハラスメントとなるかならないかという判断はもちろん大切です。しかし、一度ハラスメントのトラブルが生じると、実際に違法なハラスメントと評価されるものであろうとなかろうと、企業側には相当の負担が生じます。また、実際には違法なハラスメント行為と評価されるようなものでなくても、ハラスメント的な行為があったとして世間に知られれば、企業のレピュテーションが傷つけられることは避けられません。そのため、企業運営のなかでは、ある行為がハラスメントとなるかどうかという観点よりも、そもそもハラスメントのトラブルが生じないような体制作りを目指すべきでしょう。

　このような体制を作る上で重要なのは、①従業員に対するトレーニングと②対応窓口・手続の明確化です。それぞれ簡単に解説していきます。

[1] 社員へのトレーニング

　社員に対してハラスメントのトレーニングを実施している企業は多いと思います。このようなトレーニングは、部下を指導する立場にある管理者側に対し、パワーハラスメントやセクシャルハラスメントとはどのようなものかというトレーニングを実施するケースが多いのではないでしょうか。このような手法のトレーニングの有効性自体はまったく否定しません。しかし、あくまで私見ではありますが、このようなやり方はトラブル予防の観点で十分かといわれれば若干の疑問があります。

　まず、ハラスメントのトレーニングについては何がハラスメントとな

るかどうかという表面的な事柄だけでなく、雇用契約とはなにか、従業員との関係は法的にどう整理されるのかという原理原則から理解してもらうべきではないかと思います。前記の事例検討のなかでも何度か触れましたが、企業と社員との関係はあくまで雇用という契約関係に過ぎず、師弟関係その他人的な隷属関係があるわけではありません。上司・部下という関係も雇用契約に基づく指揮命令系統のなかで上下関係が認められるものに過ぎず、雇用契約を外れて人間的な上下関係が認められるものではありません。このように企業と労働者の関係性をきちんと理解していれば、取引先に対する場合と同様、部下や同僚を雇用契約の相手当事者として尊重し、常識的な敬意・配慮をもって接する必要であることは、自然と理解できるように思います。そして、このような関係性について深い理解があれば、相手に対してハラスメントとなるような非常識な振舞いをすることは自然と抑制できるのではないでしょうか。

　次に、ハラスメントに関するトレーニングを行う範囲ですが、管理者だけでなく管理される側の社員も対象とするべきでしょう。というのもハラスメント行為を巡るトラブルの多くは、管理者側と被管理者側のハラスメントに対する理解の齟齬から生じます。管理者側ばかりをトレーニングしても、被管理者側がトレーニングされていなければ、この理解の齟齬を埋めることはできず、結局、ハラスメントを巡るトラブルは発生してしまうように思われます。

　例えば、昨今のマスメディアによる報道では「相手が不快と思えばハラスメントである」という誇張された不正確な説明がされることが多々あります。被管理者側がこのような説明を鵜呑みにしていた場合、上司からの雇用契約に基づく正当な指示・命令であっても、被管理者側で不快・不満であれば「ハラスメントではないか」と間違った認識を持ってしまいます。このようなボタンの掛け違いから大きなトラブルに発展してしまうリスクも否定し難いところです。もし管理者・被管理者に対して雇用契約に関する原理原則を踏まえた適切なハラスメントトレーニン

グを統一的に行うことができれば、この理解の齟齬が生じることを防ぐことができるのではないでしょうか。この場合、被管理者との関係では、被管理者は雇用契約の一当事者として尊重されるべきであるということを理解してもらうのと同時に、被管理者は同契約に基づいて企業（上司）から業務上必要な指示・命令をされる立場にあり、基本的にこれに従う契約上の義務があるということをきちんと理解させることも大切でしょう。

② 対応窓口・手続の明確化

　社員に対するトレーニングと同等に重要となるのは、対応窓口や対応手続を明確化することです。上場企業や大手企業は、ハラスメントに関する内部通報窓口やハラスメントが発生した場合の処理手続について社内ルールを設けている場合がほとんどでしょう。他方、中小規模の企業ではこのような窓口や手続の整備がされていない場合がほとんどであり、ハラスメント事例が発生した場合、直接の上長が窓口になり、代表者や役員と相談・協議して対応するという場合が多いのではないでしょうか。しかし、このやり方には以下のように問題があります。

　まず、対応窓口が明確となっていない場合、社員がハラスメント被害に遭っている（遭っていると考えている）場合でも何をすればよいかわからず、トラブルが深刻化していくという問題があります。ハラスメントのトラブルは、深刻化する前は企業側で相談に乗ったり、企業側がはけ口となることで解決する場合も少なくありません。対応窓口が明確となっていれば、社員側がもやもやした段階で相談をすることができ、トラブルが深刻化する前にこれを希釈化することが期待できます。また、対応窓口が明確となっていないということは、ハラスメントの事象が生じた場合に対応がまちまちとなってしまう可能性があります。対応がまちまちとなることは、社員に無用な不公平感を与える可能性があり、ハラスメント被害によって企業側にただでさえ不信感があるのに、これが

ますます強くなってしまうかもしれません。このように、対応窓口がきちんと決まっていないということは、ハラスメント被害の発生・拡大を助長させる可能性があります。

　また、対応手続が明確となっていない場合、企業側が何をどのように進めるべきかの指針がないことから、適正かつ効率的にハラスメント事象の処理を行うことが難しくなります。結果、社員側が企業側の対応に予測可能性がないことを不安に思い、企業への不信感を強めてしまうかもしれません。このように企業に対して強い不信感をもった社員とのトラブルは深刻化しやすいです。逆に対応の手続が普段から明確となっていれば、企業側が所定のルールに従って事件を処理しているということが社員側にも分かるので、企業に対して無用または過剰な不信感を抱く可能性を抑制できるのではないでしょうか。

　このように、ハラスメント対応という点にフォーカスした場合、企業規模にこだわらず、対応の窓口や手続を整備することは重要と言えます。もちろん、小規模零細の企業に大企業並の体制を整えることを要求するのは無理があり、非現実的です。ただ、小規模零細企業だからといって、何も整備する必要がないというのも大きな誤りでしょう。少なくとも、自社の身の丈を踏まえた上で、可能な限りの体制を整備するよう努めることが大切と思われます（なお、セクシャルハラスメントやパワーハラスメントについては法令上一定の体制整備の義務が課されることも留意しておきましょう）。

第2 解決

　第1ではハラスメントの予防について説明しましたが、ここでは実際にハラスメント被害が発生した場合、通常はどのように解決していくのが適切であるのかについて説明します。一般的には、ハラスメント事象は、被害申告→事実調査→認定・評価→処分・再発防止という流れで処

理されるのが通常でしょう。そのため各ステップについてそれぞれ説明したいと思います。

1 被害申告

　ハラスメントに関するトラブルのほとんどはハラスメント被害を受けていると考える社員からの被害申告を端緒としています。ただ、ハラスメント行為を目撃した周囲の社員から通報が入ることもあります。このような申告や通報を受けた企業は、申告内容や通報内容が明らかにハラスメントと言えるものでないような場合を除いて、事実調査のステップに移ることになります。

　事実調査のステップに移るべきかどうかの判断が難しいのは、このような申告や通報が完全に匿名ベースで行われ、被害者の特定が難しい場合です。このような場合は、被害者の特定すらされない状況では仮に調査してもハラスメント行為の認定が明らかに困難として、調査ステップまで進まない（進む必要がない）場合が多いのではないかと思われます。もっとも、被害者が申告内容から特定されなくても、少し調査すれば容易に特定が可能な場合（例えば、申告や通報内容からハラスメントの加害者やハラスメント行為がある程度具体的に特定されており、加害者や周囲への聴き取りによって被害者の特定まで容易に行えるような場合）は、事実調査として加害者や周囲の者への聴取調査に進むべきかもしれません。この辺りの処理は、申告や通報の内容次第なのでケース・バイ・ケースです。

2 事実調査

　ハラスメントについて申告・通報を受けた企業がまず行うべきは、事実関係を調査することです。事実調査のスタンダードな方法は、被害者からの聴取り→被害者の聴取り内容を裏付ける資料・供述の収集→加害者への聴取りという手順での調査でしょう。

まず、被害者からの聴き取りは、５Ｗ１Ｈ（いつ、誰が、誰に対し、何故に、どのような方法で、何をしたのか）を意識しながら具体的に聞き取ることが極めて大切です。この聴き取りが甘いと企業側がそもそも何を調べるべきかが定まらなくなってしまい、その後の調査が困難となる可能性があります。また、聴き取る際に大切なのは、加害者が何をしたのかということだけでなく、それに対して被害者としてどう対応したのか、そのような対応をしたのはなぜかという点も併せて聴き取るべきでしょう。このような双方向のやり取りについて聴き取ることで、事実関係をより具体的かつ鮮明に聴き取ることができます。

　次に、裏付け資料等の調査ですが、被害者の供述内容を裏付ける証拠としては、E-mailや録音などの客観証拠と目撃者等周囲の供述証拠があります。重要性が高いのは無論、客観証拠ですが、利害関係のない者による具体的かつ詳細な供述は裏付け資料として有用となる場合も多々あります。ただ、やはり認定・評価のステップで依拠しやすいのは客観証拠ですので、客観証拠を中心に調査するのがセオリーと言えます。

　このように、被害者からの聴き取りおよび裏付け資料等の収集がある程度進めば、企業側でハラスメント事象の実態がある程度把握できることになります。加害者への聴き取りは、このような実態把握がある程度進んだ段階で行うべきでしょう。企業側である程度の根拠に基づいて実態把握をしないまま加害者の聴き取りに臨んでも、結局はやった・やらない、言った・言わないの水掛け論となってしまい、認定・評価が極めて困難ということになってしまう可能性が高くなります。こうなってしまっては、これまでの調査手続が無駄になってしまいますし、トラブルの解決にもならないので、十分注意しましょう。なお、加害者への聴き取りの段階でもハラスメントの実態がよく分からない、把握できないというケースであれば、そもそもハラスメントの認定自体が困難であり、加害者に念の為確認をした結果、ハラスメントの認定ができないという結論に落ち着くのがほとんどかなと思います。

③ 認定・評価

（1）事実認定の方法

　企業側は、前記調査が完了した時点で一定の事実を認定しなければなりません。ハラスメントの対応で最も難しいのがこの事実認定ですが、認定手法の概要をざっくり説明すると、以下のような手法がセオリーと思われます。

　まず、被害者の被害申告を加害者側で認めている場合は、この認めている範囲で事実を認定して構わない場合がほとんどです。もちろん客観的証拠から明らかに事実と異なるものを加害者が認めている場合にそのまま認定して構わないのかという問題はありますが、そのような事態が生じることはまず考え難いです。そのため、ほとんどの場合は被害者と加害者の認識が合致している範囲で事実を認定することに問題はありません。また、被害申告について客観的な資料（E-mail、録音等）や信用性の極めて高い供述（利害関係のない者の目撃供述等）による直接的な裏付けがある場合は、加害者がこれを否定する場合でも申告された事実を認定することができます。というのも、これは被害者と加害者の供述のうち、確かな証拠による裏付けのある被害者の供述の方が信用できるからです。

　他方、被害者の被害申告に信用できる証拠による裏付けがなく、かつ、加害者もこれを否定しているという場合は申告に係る事実を認定することはできません。もちろんこのような場合でも、被害者は真実を話しており、加害者が嘘を吐いている可能性は否定しません。しかし、第三者である企業には申告内容が事実であるか、加害者の反論が虚偽であるかは判断できません。そのため、このような場合は事実がどうであるか、企業には判断できない（＝分からない）ということで、事実を認定しないのが通常です。

　このように、企業側で事実を認定する場合、被害申告についてある程度間違いないといえる根拠を持って認定する必要があり、真偽不明であ

る場合は軽々と認定をしないことが大切です。被害を申告する社員としては自身に申告通りの認定がされないことを不満に思うかもしれませんが、企業はあくまで従業員を公平に取り扱う必要があり、一方の当事者に不当に肩入れをするべきではありませんし、恣意的な処理は許されません。また、企業は警察でも裁判所でもありませんので、その調査能力には一定の限界があります。企業はその調査能力の限りで必要かつ十分な調査をすれば一応の責任を果たしたことになるのであり、その調査能力を超えて真実を探求する義務まではありません。この点は注意しましょう。

（2） 事実評価の手法

　企業は、調査の結果一定の事実が認定できた場合、この事実を正しく評価して違法なハラスメント行為があったのかどうかを判断することになります。この評価の手法は、これまで事例検討で行ってきたような方法、すなわち被害申告の内容からどのようなハラスメントにカテゴライズされるのかを検討し、該当する類型の判断基準・判断要素を踏まえて検討していくという方法で評価していくことになります。それぞれの類型毎の実際の評価のポイントや進め方は前記の事例検討を参考としてください。

（3） 小括

　このようなハラスメント事例における事実の認定・評価では、後々企業側できちんと対応したことを示すため、申告内容や反論内容を正しく整理し、これに伴う証拠資料の有無や価値を正しく精査しつつ、適正かつ合理的な事実認定及び事実評価を進めていく必要があります。しかし、このような対応は実際のところ法律的・司法的な知識・経験のない一般市民・一般企業には難しい側面が否定できません。そのため、正しく対応するためには専門家である弁護士の支援を受ける方が適切な場合が多いと思われます。

④処分・再発防止

　企業側は、一連の認定・評価が終了した場合、出された結論に従って加害者を処分したり、同様のトラブルが生じないような具体的な再発防止措置を取っていくことになります。

　まず、認定・評価の結果、違法なハラスメント行為が認められた場合は、就業規則等のルールに基づき加害者に対する懲戒処分を行うのが通常でしょう。懲戒処分の内容や程度はケース・バイ・ケースですが、企業内で先例となる処分があればこれを参考にするのも良いでしょう。なお、就業規則等で明確に定めがされていない場合、懲戒処分をすることはできませんので、この点は注意しましょう（ただ、書面での警告・注意指導や普通解雇等は懲戒処分とは異なる人事的な処分であると整理して実施可能な場合もあります）。

　次に、違法なハラスメント行為とは認められないものの、道義的・倫理的に問題があるような行為が認められた場合は、懲戒処分とはいかないまでも、書面等で注意や警告するなどの措置を講じることは検討するべきでしょう。職場という組織では違法でなければ何をしてもよいというものではなく、周囲に対する最低限の敬意・配慮が必要であることは常識です。このような常識に反する行為が認められたのであれば、企業として是正を促すべきでしょう。

　他方、違法なハラスメント行為も道義的・倫理的にも問題が有る行為も認められなかった場合には、加害者に対する処分は特に行う必要はありませんが、被害者からそのような申告があったから気をつけるように注意を促す程度は行うべきでしょう。他方、被害者側には企業側がそのような判断に至った理由についてある程度説明することも検討してよいかもしれません。というのも被害者としては企業側に何らかの処分等を期待して被害申告している場合がほとんどです。にもかかわらず、企業側が加害者に対して何ら対応しなかったということは、被害者側からすれば企業への不信感を高める理由となりますし、場合によっては労使間

で無用の紛争・トラブルが派生する可能性も否定できません。そのため、この場合は、企業がどのような調査を行い、どのような理由から事実を認定しなかったのかの概要程度は説明した方がトラブル予防の観点からベターと思います（なおこの場合、被害者側から「誰に何を調査し、どのような発言があったのか全部教えろ」というリクエストがされることがわりとありますが、このような調査の詳細は企業秘密ですし、被害者側に当然に開示するべきものでもありませんので、このようなリクエストに応じる必要まではないことに注意しましょう。企業側が情報をどこまで開示・説明するかは、あくまで企業側で裁量的に判断・決定する問題であり、たとえ被害者であってもこれを当然に知る権利はありません）。

おわりに

　本書は職場で起こり得る違法なハラスメント行為に関する基本的知識を解説しつつ、各類型に応じて、ハラスメント行為に該当するかどうかの評価プロセスを中心に説明してきました。本書で記した評価のやり方やプロセスは、私が弁護士として実際に起こったトラブルに対応する場合に実際に行っている方法とおおむね共通しています。無論、本書があればどのようなハラスメントにも対応できるというわけではありませんが、ハラスメントへの該当性を検討する際に、弁護士はどのような考え方をしているのかということの参考となればと思います。

　近年では、インターネットを通じて誰しも簡単に情報を得ることができます。企業でも労働者側は少しでも上司や先輩の対応に不審・不満を覚えた場合、インターネットでそのような対応に問題がないかを検索して調べることができます。しかしインターネットで入手できる情報はまさに玉石混交であり、また、一方通行です。労働者側がインターネット上の誤った情報を鵜呑みにしたり、誤った情報でなくてもこれを誤って理解するなどした場合、上司や先輩の対応に過剰に反応してしまい、結果、トラブルが大きくなってしまうということは十分に考えられます（私見ではありますが、近年、企業におけるハラスメントのトラブルが増大傾向にある原因の1つは、インターネットではないかと考えています）。このような状況を踏まえると、企業側として求められるのは、まずはハラスメントについて正しい知識を身につけつつ、これを企業内で適切に発信していくことでしょう。

　このような地道な努力が企業や労働者がハラスメントを巡るトラブルで無用に傷つく事態を回避できると思いますし、ひいては社会全体でハラスメントについて正しい理解が進むことになるのではないかと思います。本書がこの一助になれば幸甚です。

〈著者紹介〉

梅澤　康二 （うめざわ・こうじ）

弁護士法人プラム綜合法律事務所　事務所代表　弁護士。2002年３月私立麻布
学園卒業、2006年10月司法試験（旧試験）合格、2007年３月東京大学法学部
卒業、2008年９月最高裁判所司法研修所修了（第二東京弁護士会）、2008年９
月アンダーソン・毛利・友常法律事務所入所、2014年７月同事務所退所、2014
年８月プラム綜合法律事務所設立。主な業務分野は、労務全般の対応（労働事件、
労使トラブル、組合対応、規程の作成・整備、各種セミナーの実施、その他企業
内の労務リスクの分析と検討）、紛争等の対応（訴訟・労働審判・民事調停等の
法的手続及びクレーム・協議、交渉等の非法的手続）、M&A取引（対象会社に対
するデューディリジェンス）、各種契約書の作成・レビュー、取締役会議事録の
整備、その他企業法務全般の相談など。

ハラスメントの正しい知識と対応

2021年6月18日　初版第1刷発行

著　者　　梅　澤　康　二
発行者　　中　野　進　介

発行所　　株式
会社ビジネス教育出版社

〒102-0074　東京都千代田区九段南4-7-13
TEL 03(3221)5361(代表)／FAX 03(3222)7878
E-mail▶info@bks.co.jp　URL▶https://www.bks.co.jp

印刷・製本／シナノ印刷株式会社
ブックカバーデザイン／飯田理湖　本文デザイン・DTP／株式会社明昌堂
落丁・乱丁はお取替えします。

ISBN 978-4-8283-0897-5